本书由国家自然科学基金（71974158）和西部文化创意产业协同创新中心资助

文化资源对文化产业全要素生产率的影响研究

杨秀云　尹诗晨 ◎ 著

中国财经出版传媒集团

经济科学出版社

Economic Science Press

·北 京·

图书在版编目（CIP）数据

文化资源对文化产业全要素生产率的影响研究/
杨秀云，尹诗晨著． -- 北京：经济科学出版社，2023.10
ISBN 978 - 7 - 5218 - 5137 - 3

Ⅰ . ①文… Ⅱ . ①杨…②尹… Ⅲ . ①文化产业 - 全
要素生产率 - 研究 - 中国 Ⅳ . ①G124

中国国家版本馆 CIP 数据核字（2023）第 175685 号

责任编辑：周国强 张 燕
责任校对：蒋子明
责任印制：张佳裕

文化资源对文化产业全要素生产率的影响研究

杨秀云 尹诗晨 著
经济科学出版社出版、发行 新华书店经销
社址：北京市海淀区阜成路甲 28 号 邮编：100142
总编部电话：010 - 88191217 发行部电话：010 - 88191522
网址：www. esp. com. cn
电子邮箱：esp@ esp. com. cn
天猫网店：经济科学出版社旗舰店
网址：http：//jjkxcbs. tmall. com
固安华明印业有限公司印装
710 × 1000 16 开 15. 5 印张 230000 字
2023 年 10 月第 1 版 2023 年 10 月第 1 次印刷
ISBN 978 - 7 - 5218 - 5137 - 3 定价：78. 00 元
（图书出现印装问题，本社负责调换。电话：**010 - 88191545**）
（版权所有 侵权必究 打击盗版 举报热线：**010 - 88191661**
QQ：2242791300 营销中心电话：**010 - 88191537**
电子邮箱：**dbts@ esp. com. cn**）

前　　言

　　明晰我国文化资源现状和结构，厘清文化资源对文化产业全要素生产率的影响机理，对释放文化资源价值，推动中国特色文化资源优势转化为现实生产力优势，缩小地区间文化产业全要素生产率的差距，最终实现文化产业高质量发展，具有重要的现实意义和理论价值。本书旨在通过评价文化资源对文化产业全要素生产率的影响，明确其作用机制和影响效应，探究文化资源的中介转化过程，以及与文化产业的效率失衡和空间错位问题。

　　研究遵循"提出问题—理论分析—实证检验"的主线。首先，基于文化资源的经济和社会属性，建立文化资源影响文化产业全要素生产率的理论分析框架。其次，通过建立文化资源指标体系，测度全国和各地区文化资源水平，使用

SFA 模型测算和分解文化产业全要素生产率，探究其演化特征；在此基础上，检验文化资源对文化产业全要素生产率的非线性影响和门槛特征。再次，利用 2013～2019 年文化及相关产业省级面板数据，探讨文化资源对文化产业全要素生产率的文化人力资本变动和文化企业集群影响机制，进一步将政府支持引入机制框架，从财政支持、体制支持以及营商环境三个角度，分析政府支持在文化人力资本变动和文化企业集群路径机制中的调节作用；并使用空间计量模型分析文化资源对文化产业全要素生产率影响的空间溢出效应。最后，总结本书研究结论，有针对性地提出促进文化资源推动文化产业全要素生产率发展的政策建议。

本书研究的边际贡献和创新可能存在于以下四个方面。

第一，聚焦于文化部门特性，将文化资源和文化产业全要素生产率纳入统一分析框架，搭建包含政府支持调节效应的文化人力资本变动和文化企业集群的理论机制模型。同时，从文化经济地理的视角，借助"竞合"理论分析了文化资源影响文化产业全要素生产率的空间溢出效应机制。从文化资源价值和特征出发，审视了文化资源对文化产业全要素生产率的影响，既关注到了文化资源对文化产业全要素生产率的"资源诅咒"和"资源恩赐"作用，还探究了文化资源不同阶段，两者非线性的变化趋势。这一定程度上扩展了资源研究的范畴，弥补了文化资源领域理论机制和模型构建的不足，也为探讨文化产业政府支持的有效性，实现文化资源优势转化为产业发展优势，提供了新的分析框架。

第二，采用熵值法和 SFA 分解法，分别测度了我国文化资源水平和文化产业全要素生产率，探析了文化资源结构以及文化产业全要素生产率的演化特征。研究立足于文化产业，区别于旅游业对文化资源的差异性需求，从经济学视角尝试解决了文化资源量化困难的问题，建立了包含文化创新资源、文化旅游资源、文化遗产资源、文化设施资源和文化信息化资源的资源指标体系，这为文旅融合研究提供了一个新的视角。使用 σ 收敛模型和 β 收敛模型分析了我国以及三大区域文化产业全要素生产率的发展趋势。研究发现，我国各地区文化资源存在结构性差异，文化产业全要素生产率呈现"强者恒强，弱者恒弱"的发展态势，这有助于认识文化产业效率失衡问题，为地区文化产业实现追赶超越提供了一定的理论支持。

第三，利用双向固定效应模型、系统 GMM 模型、空间计量模型等计量方法，辅之以比较研究方法检验了文化资源对文化产业全要素生产率的非线性影响和空间效应。研究发现，文化资源对文化产业全要素生产率的影响存在"U"型趋势，目前文化资源水平处于拐点左侧，其中文化创新资源对文化产业全要素生产率具有"资源恩赐"作用，现阶段文化信息化资源则存在"资源诅咒"问题。进一步研究发现，文化资源对文化产业全要素生产率的非线性影响还存在空间溢出效应，文化资源的竞合效应和集散效应将促使相邻地区文化产业由同质化竞争走向协同共生。这不仅弥补了文化资源学领域定量检验的缺失，明晰了文化产业"效率失衡"和"资源空间错位"的成因，还为政策制定部门优化文化资源分配政策提供了坚实的理论支撑。

第四，借助分步法、交叉项法，以及有调节的中介效应检验法，系统梳理了文化资源影响文化产业全要素生产率的路径机制。尝试将社会学文化资本理论引入文化经济研究领域，既识别了文化资源的人力资本变动和文化企业集群影响机制，也揭示了政府在这两个机制过程中的阶段性和差异性作用。研究发现，文化人力资本变动和文化企业集群具有部分中介作用，在文化人力资本变动机制中，体制支持调节作用仅局限于"文化资源—文化人力资本变动"的过程，而财政支持和营商环境支持对"文化资源—文化人力资本变动—文化产业全要素生产率"的全部路径都发挥作用；对于文化企业集群机制，三种政府支持都只能影响"文化资源—文化企业集群"。这找到了政府支持介入文化资源和产业效率关系的最佳时机，为文化领域深化改革，打通文化资源转化为文化产业资源的路径，推动文化产业全要素生产率进步提供了一个较好的理论参考和经验依据。

目　　录

第1章

绪　　论

1.1　研　究　背　景

文化产业是具有高附加值、强融合性的绿色低碳产业，也是推进文化强国建设战略的重点产业。2021年《中华人民共和国国民经济和社会发展第十四个五年规划和2035年远景目标纲要》明确了发展社会主义先进文化、提升国家文化软实力的目标，指出要健全现代文化产业体系和市场体系，坚持把社会效益放在首位，社会效益和经济效益相统一。推进文化强国建设战略，就要求我国从文化资源大国走向文化产业强国（姚伟钧，2012），形成符合文化产业高质量发展的现代文化资源，实现文化产业的效率变革。在此背景下，明晰我国文化资源现状，厘清文化资源对文化产业全要素生产率的影响机理和路径无疑具有重要的理论和现实指导意义。

1.1.1 "资源"的内涵和外延

资源是经济社会发展依赖的关键要素，资源的现状和开发情况不仅直接决定社会发展的模式和水平，也影响未来发展的可持续性。新时期下，"资源"被赋予更广泛的内涵和意义——凡是人类所创造的各种物质性和精神性的资料、手段、技能和思想体系等，都可以被称为资源（张胜冰，2017）。文化资源正是伴随文化产业发展，才得以被认识并逐渐发展起来的具有更广泛含义的资源，其被认为是资源的一种特殊表现形式。与自然资源不同，文化资源包含了大量的主体资源（王慧敏，2016），具有很强的区域独特性和异质性，因此造就了发展文化产业巨大的比较优势。

从国内外文化产业发展历程来看，美国电影娱乐产业的崛起与快速发展，正是充分利用了本国多元文化的优势和覆盖全球的媒介资源，这些资源为电影、娱乐、电视、音乐的制作和发行提供了丰富的创作灵感和便利。韩国是全球第一个将文化产业列入国家战略的国家，并且非常重视地理标志的"文化"资源地位，他们将"资源有限，创意无限"的口号贯彻到文化娱乐产业中，将地域传统文化视为潜在的经济来源和国家对文化认同的有效主张（Park，2020）。近年来，我国河南洛阳、福建平潭等地区通过挖掘当地代表性的古文化和民俗文化资源，借助视觉传媒技术穿今越古，将中华传统文化符号融入现代文化艺术作品，为地方文化产业树立了特色鲜明的产业名片和优势。以汉服为代表的传统文化借助自媒体、流媒体等新传媒资源得到快速传播，形成了一股"国潮之风"，凭借对传统文化资源的挖掘和利用，这种小众文化已成长为百亿文化市场，形成一批蕴含中国特色文化的新文化行业。

2014 年,文化部、财政部印发的《关于推动特色文化产业发展的指导意见》指出,"要立足于特色文化资源和区域功能定位,以特色文化产业为主导,打造区域特色、民族特色鲜明的文化产业体系,把文化资源优势转化为产业优势"。2016 年,文化部又联合国家发展改革委、财政部、国家文物局印发了《关于推动文化文物单位文化创意产品开发的若干意见》,该意见明确了"依托文化文物单位馆藏文化资源,开发各类文化创意产品是提升国家文化软实力的重要渠道",指出"要在履行公益服务职能、确保文化资源保护传承的前提下,促进文化资源实现传承、传播和共享,发展产业、增加效益"。2021 年,文旅部等 8 部门联合发布《关于进一步推动文化文物单位文化创意产品开发的若干措施》,强调"合理利用文化文物资源,要深入挖掘文化文物资源的精神内涵"。2022 年 8 月,中共中央办公厅、国务院办公厅印发的《"十四五"文化发展规划》明确了文化高质量发展的前进方向和目标任务,指出"文化是迎接新一轮科技革命浪潮,推动发展质量变革、效率变革和动力变革的重要领域。必须要加快推进文化和科技深度融合,抢占文化创新发展的制高点,要优化城乡和区域文化资源配置,将优秀文化资源转化为永续发展的优质资产"。

从以上国内外经验和政策可以看出,从特色文化产业到文化创意行业,再到城乡区域文化协调发展,文化资源对不同发展阶段的文化产业都具有重要支撑作用。在文化产业数字化以及文化产业与公共文化服务融合发展的现实需求下,厘清文化创新资源和文化信息资源,社会文化资源和公共文化资源,如何互生并进推动文化产业全要素生产率进步,就成为构建现代文化产业体系,铺筑文化强国之路亟须解决的关键问题。

1.1.2　文化资源与文化产业发展存在的现实问题

文化资源学认为,文化资源具有意识性、再生性和不可再生性、社会性、传承性、教化性，以及融合性和人为稀缺性等特点。文化资源既包含传统物质文化资源、精神文化资源，也包含技术资源和创意人才资源等。我国是文化资源大国，地区间特色鲜明，从表现形态上来讲，我国文化资源涉及的领域和范围也十分广泛。截至 2021 年底，我国已成功申报世界遗产 56 项，国家级非遗代表性项目 1 557 项，国家级非遗代表性传承人 3 062 名，国有可移动文物 1.08 亿件（套），备案博物馆 6 183 家，国家 5A 级景区 306 家等①，这些丰富的文化资源已成为文化产业发展的坚实基础。受新冠疫情影响，2020 年全国文化及相关产业实现增加值 44 945 亿元，比上年增长 1.3%，文化及相关行业规模以上企业实现营业收入 98 514 亿元，比上年增长 2.2%，其中文化新业态特征较为明显的 16 个行业小类营业收入逆势增长 22.1%②。

文化是国家和民族生存的核心竞争力，也是民族精神的重要支撑，其价值毋庸赘述。文化领域一直都是各国政府重视和监管的对象，一方面，为了抵御文化霸权和外来文化资源的影响，保护文化多样性；另一方面，为了维持公共文化体系的顺利发展，世界各国均不同程度地通过政府干预性措施保护本地区文化资源，支持和鼓励本国文化产业的发展。目前，我国以政府为主导的文化资源开发公司共计 17 162 家，如图 1–1 所示，排名前五位的地区分别是陕西、河南、内蒙古、贵州和湖南。然而，仅以 2020 年为例，全国规模以上文化企业利润总额排名前五位的地区是广东、浙江、北京、上海和江苏，共占据了全国文化企业利润总额的 71%，其中，陕西和内蒙古的文化企业利润总额分别不及广东省的 4% 和 1%。现实数据表明，政府主导下的传统领域文化资源开发效率较低，尤其是中西部地区文化资源优势并没有转化为明显的经济优势，传统文化资源与文化产业发展存在一定的空间错位和"资源诅咒"现象，文化资源没有为文化产业发展发挥明显的推动力。

---

① 资料来源：《中共中央宣传部举行推动新时代文化和旅游高质量发展新闻发布会》。
② 资料来源：国家统计局《中国文化及相关产业统计年鉴 2020》。

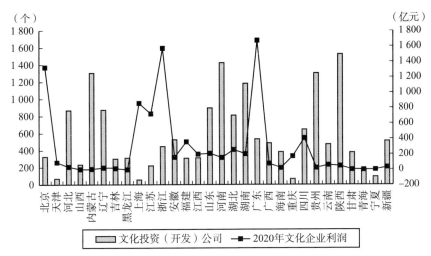

（个）　　　　　　　　　　　　　　　　　　　　　　　　　　（亿元）

□ 文化投资（开发）公司　　■— 2020年文化企业利润

图 1－1　各省份文化投资（开发）公司数量和 2020 年文化企业利润

注：（1）文化投资（开发）公司：①仅统计企业名称、关键词为"文化旅游投资/开发"，企业类型为"国有企业""集体所有制企业"的企业；②统计截止日期为 2022 年 5 月 7 日；③资料来源于企查查网站。

（2）2020 年文化企业利润：①企业为规模以上文化及相关企业利润总额；②资料来源于《中国文化及相关产业统计年鉴 2020》。

在 1973 年出版的《文化再生产与社会再生产》一书中，法国著名社会学家布迪厄第一次在社会学领域使用了经济学资本的概念，提出"文化资本"。他认为，资本表现为经济资本、文化资本和社会资本，其中，文化资本是文化资源推动产业发展的关键环节，只有把文化资源转变为文化资本，才能成为生产要素，为产业发展服务。社会学理论分析认为，文化资源对文化产业的发展具有促进作用，但在文化产业高质量发展的现实背景下，文化资源对文化产业是否存在经济学意义上的促进作用尚未得到明确检验，文化资源到文化资本的转变机制没有进行验证，为何出现文化资源与产业发展的效率失衡和空间错位问题还没有从经济学角度进行探究。研究和解决上述问题，可以为我国从文化资源大国转变为文化产业强国提供一些政策参考，对促进文化资源转化为文化产业生产要素，提升文化产业全要素生产率水平提供实证支撑。

基于此，本书将以问题为研究导向，在推进文化产业高质量发展、提升文化软实力，实现文化产业强国战略的背景下，从文化产业发展需求出发，构建文化资源影响文化产业全要素生产率的理论分析框架，基于 2013～2019 年我国 30 个省区市（除港澳台地区、西藏自治区以外）文化及相关产业数据，建立包含社会文化资源和公共文化资源的文化资源指标体系，同时引入文化创新资源和信息化资源。在此基础上，探讨文化资源对文化产业全要素生产率的影响。从文化资源的社会价值和经济价值出发，梳理其作用机制，判断政府在文化资源转化为产业资本推进文化产业全要素生产率提升的过程中，何时发挥作用，何种手段最为有效，并使用空间计量模型探究文化资源的空间溢出效应，较为全面和综合性地分析现阶段我国文化资源对文化产业全要素生产率的影响和效应。

1.2　研究目标与意义

1.2.1　研究目标

在建设文化强国的战略背景下，怎样将我国文化资源优势转化为文化产业发展优势，实现文化资源大国到文化产业强国的跨越，是理论和实践都需要关注的重点问题。本书以我国文化产业和文化资源为研究对象，运用资源禀赋理论、现代经济增长理论和文化资本理论等，借助"资源诅咒"假说，以及计量经济学等相关研究方法，研究文化资源对文化产业全要素生产率的影响作用和机制，判断政府支持调节效应的有效性和时效性，探讨如何发挥文化资源对文化产业全要素生产率的推动作用，希冀为推动文化产业质量变革、效率变革和动力变革提供一定的理论支持和政策建议。

1.2.2　研究意义

1.2.2.1　理论意义

（1）自然资源开发与经济发展的关系问题一直是产业经济学、区域经济学研究的热点。然而，文化产业所面临的资源较为抽象，既包括狭义的文物、自然旅游和文化基础设施等物质资源，也涵盖广义上的创意、知识等非物质资源，对文化资源测度上的困难，导致传统自然资源理论和经济增长理论在文化资源领域的研究不能完全借用。针对上述问题，本书将文化资源和文化产业全要素生产率的发展问题联系起来，通过构建包含社会文化资源和公共文化资源，以及文化创新资源和信息化资源的文化资源指标体系，分析现阶段全国及区域性文化资源水平和结构特征，建立考虑文化制造部门和文化服务部门的文化产业内生增长模型，探明文化资源与文化产业全要素生产率之间的关系，这是对文化产业研究的一次有益尝试。

（2）文化产业具有融合性，与其相关的文化经济学也属于交叉学科，目前文化资源相关研究已经融入社会学、生态学、艺术学和管理学的相关理论，成为文化资源与文化产业研究重要的理论基础，但仍处于发展阶段，理论体系还处于探索之中（张胜冰，2017）。已有文化资源的相关研究多数是从社会学角度对文化资源进行定性描述，从管理学角度探讨文化资源的开发、管理机制和作用，从旅游业的需求出发，检验其对旅游产业发展的影响，而立足于文化产业，对文化资源影响文化产业全要素生产率的机理和效应等问题，都鲜有更为严谨的定量分析。因此，使用产业经济学研究方法，实证检验文化资源对文化产业全要素生产率的非线性影响及作用机制，解释文化资源通过竞合和集散效应影响文化产业全要素生产率的空间溢出效应，可以拓展文化资源的研究范围，加深对文化资源的认识。

1.2.2.2 实践意义

（1）长期以来，影响文化产业发展的相关研究主要是从生产要素投入的视角进行，对文化资源的研究主要停留在显性的文化遗产和旅游资源方面。伴随新一轮科技革命浪潮，文化产业开始向融合性产业、创意型产业和数字化产业转型，传统文化资源向要素化、数据化和产业化转型，这意味着文化生产过程所面临的资源条件更为复杂，文化资源比较优势出现了巨大转变，过去以旅游业为主要对象的文化旅游资源研究，已无法解决现代文化资源和文化产业发展面临的问题，因此将研究视角聚焦于现代文化产业发展需求，以及新时期下文化资源条件，对如何将文化资源比较优势转化为竞争优势，推动文化产业高质量发展具有一定的现实意义。

（2）作为社会经济体系中的重要组成部分，我国文化产业一直受限于经济体制，在渐进的市场化改革和政府干预中缓慢发展，与经济社会和科学技术快速发展的现状很不协调。同时，我们也看到地区间文化资源水平存在差距这一事实，其结果是加大了传统领域文化资源和新型文化资源的数字化鸿沟，这为构建现代文化产业体系，实现区域经济追赶超越增加了一定难度。通过厘清文化资源影响文化产业全要素生产率过程中的政府角色和作用，探究文化资源对不同地区、不同效率的异质性影响，为提升政府支持的有效性，促进区域文化产业协同发展，也可以提供一定的决策参考和依据。

1.3 研究思路与研究方法

1.3.1 研究思路

如前所述，本书研究主要基于"提出问题—分析问题—解决问题"的基本范式进行，具体研究思路主要是：（1）通过分析文化产业发展的现实背景，以及文化资源和文化产业发展面临的问题，提出研究问题的核心要义，明确研究目标和意义、研究方法和内容。界定文化产业和文化资源的关键概念和研究范围，基于经济学相关理论，分析文化产业发展过程中文化资源的作用，通过归纳总结现有国内外学者的研究成果，指出目前研究的不足，提出本书的研究重点。（2）从文化资源特征出发，构建文化资源对文化产业全要素生产率的理论框架，结合理论分析和数理分析探讨文化资源影响文化产业全要素生产率的文化人力资本变动机制、文化企业集群机制，以及政府支持调节效应和文化资源的空间溢出效应，并依次提出研究假设。（3）基于现代文化产业发展方向，建立文化资源指标体系，测算分析我国文化资源结构和分布情况，依据随机前沿分析法计算并分解我国 2013 ～ 2019 年文化产业全要素生产率，从文化产业全要素生产率的发展现状和敛散性趋势出发，探究我国及各地区文化产业的现实特征和演化特征，为后续实证检验打下基础。（4）以"资源诅咒"经典模型为基础，构建非线性的双向固定效应面板模型和动态非线性模型，实证检验文化资源影响文化产业全要素生产率的"U"型影响趋势，判断文化资源是否存在"资源恩赐"和"资源诅咒"，比较细分文化资源、不同区域和不同文化资源水平下，文化资源对文化产业效率的差异性影响；进一步使用门槛效应模型，检验文化资源与文化产业全要素生产率的非线性关系，探究制度质量和要素配置对文化资源和文化产业全要素生产率非线性关系的门槛作用。（5）利用中介效应模型和调节效应模型，实证检验文化资源的文化人力资本变动和文化企业集群机制，从财政支持、体制支持和营商环境三个维度梳理政府支持在中介机制不同阶段的调节作用。（6）基于文化资源空间黏滞性特点，从时空维度分析文化资源对文化产业全要素生产率空间溢出效应的非线性影响，检验文化资源对邻近地区文化产业全要素生产率的空间竞合效应和集散效应，并从不同区域和不同分解效率两个视角进行异质性分析。（7）结合本书的实证检验结果和研究结论，提出相应的政策优化建议。

1.3.2　研究方法

本书采用的研究方法主要有以下四种。

（1）文献分析法。通过收集和整理国内外有关文化资源和文化产业全要素生产率的文献资料，梳理归纳学者们的研究成果和现状，厘清相关理论的发展脉络和文化资源的特点，找到研究的突破口。在此基础上，从文化产业特征出发，构建文化资源影响文化产业全要素生产率的理论研究框架。

（2）归纳分析和演绎分析方法。本书以资源禀赋理论、经济增长理论、文化资本理论等为理论基础，在已有的内生增长模型基础上，结合现代文化产业发展特征，建立文化资源对文化产业全要素生产率的影响模型，理论推导文化资源影响文化产业全要素生产率的机制、政府支持调节效应，以及文化资源的空间溢出效应。

（3）计量分析方法。基于我国文化产业面板数据，利用随机前沿分析方法测算并分解我国文化产业全要素生产率，分析文化产业全要素生产率的敛散性特征；结合文化产业特质，建立包含社会文化资源和公共文化资源较为综合性的文化资源指标体系；在此基础上，使用双向固定效应的静态面板和动态面板模型，研究文化资源对文化产业全要素生产率的非线性影响，通过所构建的门槛回归模型，验证制度质量和要素配置的门槛作用；借助分步中介检验法和交互项中介检验法，分析文化资源对文化产业全要素生产率的人力资本变动和文化企业集群影响机制，以及政府支持调节作用；利用空间计量模型，检验经济和文化距离权重下文化资源对文化产业全要素生产率的空间溢出效应。采用上述计量分析方法，较为全面、科学地验证理论模型的有效性。

（4）比较研究方法。采取纵向研究的方法，描述和分析文化产业全要素生产率的发展现状和演变趋势；采用横向比较的研究方法，对不同区域、不同文化资源和不同产业效率进行异质性分析。

1.4 研究内容与技术路线

1.4.1 研究内容

本书共分为八章，具体内容如下所述。

第 1 章是绪论。介绍研究背景和研究意义，通过分析我国文化产业发展的现状、问题和文化资源特点，明确研究目的，确定研究方法、思路和研究框架；基于现代文化产业发展方向和特性，界定本书研究涉及的文化产业概念和文化资源的内涵要义。

第 2 章是理论基础与文献综述。以资源禀赋理论、现代增长理论和文化资本理论作为文化产业研究的理论支持，从研究主题出发，将相关文献划分为文化资源的相关研究、文化产业全要素生产率的相关研究，以及文化资源影响文化产业全要素生产率的相关研究。通过对已有相关文献进行分类梳理，把握本书研究主题的研究前沿，总结当前研究存在的不足，从而找到本书研究的创新点和突破口。

第 3 章是文化资源对文化产业 TFP 影响的理论分析。首先，基于资源禀赋理论和"干中学"模型，引入文化制造部门和文化服务部门，构建文化资源影响文化产业全要素生产率的数理模型，梳理两者的内在联系，提出文化资源对文化产业全要素生产率影响的研究假设。其次，借助文化资本理论和数理模型分析文化资源对文化产业全要素生产率的文化人力资本变动和文化企业集群两个作用机制，以及政府支持的调节作用，提出相关的影响机制和调节效应假设。最后，从文化资源空间特征出发，对文化资源空间溢出效应的竞合和集散效应进行分析，提出文化资源影响文化产业全要素生产率的空间效应假设。

第4章是文化资源和文化产业 TFP 的测度及特征分析。首先，充分考虑社会文化资源和公共文化资源，引入文化创新资源和文化信息化资源构建文化资源指标体系，使用熵值法对我国文化资源水平进行测度，分析各省份文化资源构成；其次，通过随机前沿分析方法对文化产业全要素生产率进行测算和分解，梳理我国文化产业全要素生产率的发展现状和趋势，指出规模效率和要素配置效率过低是文化产业全要素生产率发展缓慢的主要原因；最后，使用 σ 收敛模型和 β 收敛模型从全国和分地区层面分析文化产业全要素生产率的演化趋势，指出我国文化产业全要素生产率的变化除了受劳动力和资本要素投入的影响外，还受制于文化资源水平，为后面实证分析提供数据支撑。

第5章是文化资源对文化产业 TFP 影响的实证研究。首先，使用双向固定效应回归模型和非线性动态回归模型检验文化资源对文化产业全要素生产率的非线性影响。其次，通过增加控制变量、构建新的文化资源指标体系、删除特殊年份样本、替换检验模型，以及更换被解释变量测度方法进行稳健性检验，使用工具变量法解决内生性问题；对细分文化资源、不同区域，以及不同文化资源水平进行异质性检验。最后，进一步使用门槛模型对文化资源的非线性影响进行检验，验证制度质量和要素结构的门槛作用。

第6章是文化资源对文化产业 TFP 影响机制的实证检验。基于文化资本理论，分别检验文化人力资本变动和文化企业集群的两个影响机制。在选择合理机制变量的基础上，使用中介效应模型、交互固定效应模型、交互项法、替换机制变量的方法对文化资源影响文化产业全要素生产率的机制进行实证检验，夯实作用机制的可信性和稳健性；同时，判断文化资源对技术效率、技术进步、配置效率和规模效率是否也存在两条路径机制；最后，基于文化产业的双重属性以及政府在文化产业发展中的关键角色，重点关注了财政支持、体制支持以及营商环境三种政府支持手段的调节效应，明晰政府支持在"文化资源—文化人力资本变动—文化产业全要素生产率"和"文化资源—文化企业集群—文化产业全要素生产率"全部路径和分段路径中不同的调节作用。

第 7 章是文化资源对文化产业 TFP 影响的空间效应分析。本章基于文化资源的时空黏滞性，构建静态空间杜宾模型，系统分析文化资源对文化产业全要素生产率影响的空间溢出效应，通过 Moran's I 指数考察文化资源和文化产业全要素生产率的全局及局部空间相关性，检验经济距离和文化距离权重下，文化资源对邻近文化产业全要素生产率的空间溢出效应，以及时空维度下两者的非线性关系，分析文化资源的间接效应、直接效应和总效应，探究相邻地区文化资源影响文化产业发展的动因；使用动态空间杜宾模型对基本回归模型进行内生性检验，并探究文化资源对技术效率、技术进步、要素配置效率和规模效率的空间溢出效应，以及对不同区域的异质性影响。本章最后结论与第 4 章文化产业全要素生产率的敛散性分析相呼应，有助于认清文化资源和文化产业的空间错位问题，以及区域发展失衡的现状，为政策建议提供一定的理论和实证支持。

第 8 章是结论与研究展望。首先，对本书的主要研究结论进行了归纳，有针对性地提出优化文化资源结构、促进文化人力资本变动、构建文化资源跨区域协同共享机制、深化文化市场化改革等政策建议；其次，从学术视角对本书的研究结构与路线进行追溯和系统再建，进一步提炼出可能的创新，并指出研究的不足，为未来研究指明了方向。

1.4.2　研究框架

本书的研究框架如图 1 - 2 所示。

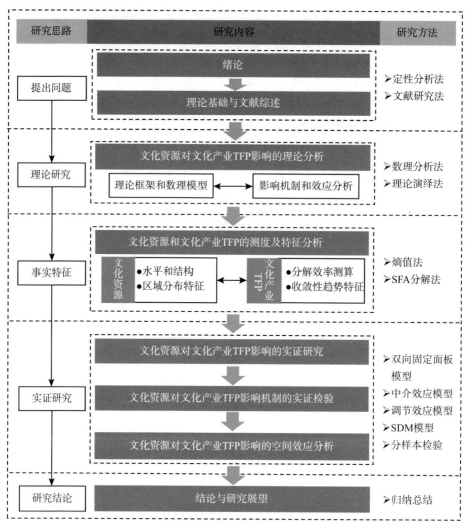

图 1-2　本书研究框架

1.5　关键概念界定

1.5.1　文化产业

法兰克福学派最早提出了"文化产业"的概念，1944 年，阿多诺和霍克海默在《启蒙辩证法》一书中对"文化工业"（culture industry）进行了系统的阐述，批判性地把"文化产业"看作生产有使用价值的产品，具有审美、娱乐和思想意识。随着 20 世纪中期西方文化工业的快速发展，带有批判性的"文化工业"逐渐演变成中性的"文化产业"（culture industries）概念。1982年联合国教科文组织发表了《文化产业：文化未来的挑战》报告，指出文化产业是创造文化内容、生产文化内容和商业化文化内容的产业。康纳斯（Connor，2000）认为，文化产业是以经营符号性商品为主的产业，兼具了文化价值和经济价值，并将文化产业划分为传统行业和传统艺术类行业。斯科特（Scott，1996）将文化产业定义为生产商品和服务的活动，既包含基于消费者喜好、自我认同和社会展示等目的的产品集合，也包含基于娱乐、教育和信息目的的服务产出，是具有高度精神价值和商品价值的经济部门。赫斯蒙德夫（Hesmondhalgh，2016）从文本内容创作出发，认为文化产业是指与社会意义生产最直接相关的机构，核心文化产业主要是从事文本的产业化生产。余洁（2007）认为，文化产业的本质是为群众提供文化产品，以及为生产和经营文化产品提供物质设备和智力服务的经济行业。

我国文化产业的概念兴起较晚，多数学者认为它是一种包含文化产品和服务活动的集合。2009 年国务院在《文化产业振兴规划》中强调，"文化产业是市场经济条件下承载社会主义文化的载体，也是满足经济文化需求的重要途径和经济结构优化、发展方式转型的着力点"。谢名家（2002）认为，文化产业的本质是以脑力劳动为主的精神生产力，是对精神文化产品规模化、商业化和信息化的生产及再生产方式。李江帆（2003）指出，文化产业并非单指实行市场化的文化服务部门，而是无论以市场分配方式运营，还是以半市场分配方式或非市场分配方式运营的所有生产具有文化特性的服务产品和实物产品的部门。林民书（2008）则认为，文化产业是以市场需求为导向的，对精英文化世俗化和大众化的产业，若以反映社会大众价值观及其伦理取向为导向，则需要对文化内涵及产品应该按市场原则进行改造。胡慧林（2000）从物质经济角度认为，文化产业是现代社会财富的重要来源，以及对现代文明存在形式的一种反映。李凤亮和宗祖盼（2015）、李凤亮和潘道远（2018）认为，文化产业是伴随人类文化消费需求的增加而不断发展起来的，受一定价值观指导下的产业形态，其产品不仅是商品，更是其内在价值与思想的载体。

随着信息技术的快速发展，以及数字技术在文化领域的渗透融合，近些年，传统领域的文化产业开始向"文化＋"产业和创意产业转型，包括以文化内容和创意成果为价值，以及以知识产权实现和消费为交易特征的文化生产和文化服务。2018 年，为了深化文化体制改革，国务院将原文化部和国家旅游局合并，组建文化和旅游部，文化产业也开始向文旅融合方向聚焦。至此，传统文化产业的内涵开始向现代文化产业延伸，而与此相关的文化产业的概念尚无一致定论。其中探讨较为广泛的是文化创意产业的概念，其首次于 2006 年 9 月的《国家"十一五"时期文化发展规划纲要》中被提出，随后出台的《北京市文化创意产业分类标准》指出，"向公众提供文化体验的产业集群是文化创意产业的本质所在"。2013 年，联合国教育、科学及文化组织（UNESCO）将文化创意产业（cultural and creative industries）定义为"有组织活动的那些以生产或复制、推广、分销或商业化源自文化、艺术或遗产内容的商品、服务和活动为主要目标的部门"。欧洲议会在此基础上对文化创意行业进行了界定："文化创意行业是来自知识产权价值的产业，具体来讲是那些基于文化价值观和文化多样性，通过创造社会经济价值、创新、财富和就业机会的个人或集体创造力和才能的行业。"

显然，文化产业衍生出的文化创意产业概念，在国内外都没有形成统一的认识，且存续了广泛而激烈的争论，国内学者如邓晓辉（2006）提出，文化创意产业是通过现代科学技术和文化资源，对文化内容为中心的商品和服务进行生产、复制和传播，具有个性化创作特征的营利性组织。丁锦萧和蔡尚伟（2021）认为，文化创意产业的内涵具有"伞式"的特征，从结构上表现为核心层、中间层和外圈层，从本质上看是文化创意与数字技术深度融合后实现"生产—扩散—效益"的产业。而以王永章（2007）为代表的学者，认为文化创意产业概念的提出会造成统计工作的边界混乱和媒体宣传的语义矛盾，宽泛化的文化创意概念，只是为了美化经济数据（赫斯蒙德夫，2016）。这类现代文化产业概念上的纷争，造成了文化统计数据比较和研究方面的困难。为了配合文化和旅游部的体制改革，解决文化产业和文化创意产业统计制度方面的混淆问题，2018 年国家统计局对文化及相关产业进行了新的分类，对文化创意产业等新概念进行了明确，将文化产业的内涵向文化产品创意展示、文化中介服务和文化消费制造方向进行了扩展。

基于研究数据的可得性，结合上述相关研究和政策概念，本书认为，文化产业是以文化内容创作为核心，源于文化资源要素，与科技深度融合的现代融合性产业。依据 2018 年国家统计局发布的《文化及相关产业分类（2018）》和《文化及相关产业指标体系框架》（以下简称《指标体系框架》）对文化及相关产业进行的分类，本书研究范围具体包括新闻信息服务、内容创作生产与制作、文化传播途径、文化投资与运营、文化休闲旅游、文化辅助性生产与中介服务、文化设备制作与文化消费终端制作等。

1.5.2 文化资源

文化资源与自然资源禀赋不同，被认为是包含精神资源和意识形态的可以促进经济和社会发展的特殊资源。范青等（2022）认为，文化资源不仅包括音乐、艺术、戏剧等类别，还包括音频、视频、图片、文字、元数据等数据形态的内容资源。张胜冰（2017）指出，现代文化产业资源应该包括媒介资源、市场渠道资源、视听资源、电视资源和互联网资源等。完颜邓邓和陶成煦（2022）将文化资源的内涵外延至了公共文化数字资源，认为文化资源是一种供个体学习和使用的场景资源。丁锦箫和蔡尚伟（2022）则认为，技术和数据是驱动文化资源再生和文化产业发展的重要因素。从文化资源的开发角度，丹增（2006）指出，文化资源是动态变化，具有公共属性的可再生的精神财富，文化产业发展的过程本质上是通过文化资源转化为文化产品、文化服务，进行价值实现的过程。姚伟钧和任晓飞（2009）从文化属性和资源属性两个层面将文化资源定义为，人类通过文化创造、历史积淀和延续所形成的，向社会经济发展提供文化要素的综合，例如对象、环境、条件、智能与创意要素。施炎平（2007）则认为，文化资源承载了一定的思想和精神价值，具有客观性、实存性和不可再生性，既存在有形资源也存在无形资源，例如，遗址、文物、文本、语言、音乐等。从文化资源的经济属性出发，林存文和吕庆华（2020）认为，文化资源主要由物质文化遗产资源、非物质文化遗产资源、文化智能资源和文化非智能资源四类构成。江瑶和高长春（2015）则从世界文化自然遗产、世界文化遗产、历史文化名城、国家级风景名胜区和非物质文化遗产五个维度度量历史文化自然禀赋。袁海（2012）进一步指出，只有以文化商品生产要素的形态进入文化产业生产领域的部分才能称为文化资源禀赋。

结合已有研究，本书认为，文化产业已向融合型、创意型和数字化产业发展，因此文化资源是符合现代文化产业发展方向，可产业化和要素化的具有经济价值和文化价值的资源，它可以作为生产要素禀赋进入文化生产领域。同时，文化资源包含了社会文化资源和公共文化资源，以及物质形态和非物质形态的资源。

第 2 章

理论基础与文献综述

2.1 理 论 基 础

2.1.1 资源禀赋理论

资源禀赋理论的基本观点是由瑞典经济学家埃利·赫克歇尔于 1919 年在《对外贸易对收入分配的影响》一文中首次提出，他认为产生比较优势需要具备不同的生产要素禀赋和不同的要素配置结构。在此基础上，他的学生俄林对比较优势理论进行了继承和发扬，并最终形成"赫克歇尔—俄林模型（H-O）"，即资源禀赋理论。资源禀赋理论的核心概念是生产要素和要素价格，以及资源禀赋和资源丰裕程度。生产要素是指生产活动必须具备的因素或在生产中必须投入和使用的手段，要素价格是生产要素的使用费用或要素的报酬，如土地租金、劳动工资、资本利息等。资源禀赋是指一个国家或经济体拥有的可用的经济资源总量，包括土地、矿产等自然存在的资源，以及技术、资本等社会积累的资源。资源丰裕程度则表明一个国家或经济体拥有的经济资源相对供给量。

早期，资源禀赋理论被用来解释国际贸易产生的原因和贸易的流向问题，但随着经济增长与资源禀赋矛盾加剧，该理论被广泛用于探析资源对经济发展的影响。其中，研究最为广泛的议题是资源对经济发展的诅咒问题。"资源诅咒"的假说由奥蒂（Auty）首次提出，它表明了一种现象，即资源丰富的国家往往比资源贫乏的国家发展得更慢。这个悖论激发了学者们对资源诅咒问题的思考和探讨，陆续有学者通过实证检验证实了该现象的存在。萨克斯和沃纳（Sachs & Warner，1995，2001）研究发现，丰裕的资源与经济增长存在负相关关系，"资源诅咒"现象在世界范围内都存在，并且自然资源效应与资源租金变化浮动不大。科利尔和戈尔斯（Collier & Goderis，2008）使用 VAR 模型研究了 130 个国家的商品出口对经济增长的影响，结论表明商品出口国存在"资源诅咒"现象，商品繁荣促进了经济的短期增长，但长期来看，对产出不利，研究同时发现良好的制度是避免资源诅咒的有效途径。在国内学者中，李强等（2014）探讨了技术进步和人力资本积累是否会因依赖国际资源而降低的问题，研究结论肯定了"资源诅咒"。马宇和程道金（2017）将资源部门、制造业部门和科技研发部门置于同一个内生经济增长模型进行研究，结果表明中国省际层面存在"资源诅咒"，丰富的自然资源将抑制技术进步。

另一部分学者则否定了"资源诅咒"假说。戴维斯（Davis，1995）研究资源丰裕度时，使用矿产收入占 GDP 的比重作为其替代变量，实证结果发现自然资源对经济发展存在"资源恩赐"作用。斯蒂金斯（Stijins，2005）以个人拥有的矿产储量、生产量、土地等作为资源丰裕程度的指标，对资源禀赋和经济增长状况进行了分析，研究结果发现资源禀赋对经济发展的影响并不显著。布鲁奇维尔和布尔特（Brunnschweiler & Bulte，2008）质疑了"资源诅咒"问题，并将资源丰裕度、资源租金和资源依赖度从自然资源的概念中剥离开，认为以往研究资源租金都是基于对资源依赖的衡量，而资源依赖并不是影响经济发展的外生变量，将其视为内生变量时，其对经济及制度质量也没有显著影响。资源丰裕度与经济发展和制度质量显著相关，也就是不存在"资源诅咒"，而存在"资源恩赐"。方颖等（2011）使用 95 个地级市采掘业数据，对我国城市资源诅咒问题进行了探究，通过实证检验发现，自然资源的丰裕程度与经济增长之间并不存在"资源诅咒"。姚毓春等（2014）使用生态足迹模型测度了区域自然资源禀赋，研究了资源禀赋对区域经济增长的影响，结论认为中国资源富集地区存在"资源恩赐"。

2.1.2 现代经济增长理论

哈罗德和多马开创了现代经济增长理论，该理论用于分析一个国家国民收入的增长过程，以及这个过程中储蓄、投资、要素投入量、产量等基本元素之间的因果关系。整体来讲，现代经济增长理论经历了一个由外生增长向内生增长演变的过程。20 世纪 40 年代，索洛认为"哈罗德—多马模型"存在"刃锋问题"，因此在该模型的基础上建立了"新古典增长模型"。此后，新古典经济增长理论在 20 世纪 60 ~ 80 年代一直占据主导地位，其中新剑桥学派的琼·罗宾逊将研究聚焦于长期经济理论方面，她将经济增长与收入分配结合起来，认为"过去"的事情是已经发生了，所以不可以改变，"现在"较为短暂，不需要考虑资本和技术等的变化，而"未来"是不确定的。此外，还有区别于索洛"新古典增长理论"的"后凯恩斯增长理论"，代表性观点认为经济增长是不稳定的，实现经济社会保持长期充分就业和稳定增长必须有政府干预，投资是活跃的，储蓄与投资需要配合。新古典经济增长理论对全要素生产率还进行了系统阐述，主要将其看作外生的技术进步，以及经济增长中要素投入无法解释的部分，并认为技术进步推动了人均产出持续性增长，造成了贫富国家间人民收入的差距（Diamond，1965）。

到了20世纪70～90年代，由于"新古典增长理论"无法解释各国之间经济增长率存在较大差异这一现象，以罗默和卢卡斯为代表的新经济增长理论开始流行。新经济增长理论将规模收益递增和内生技术进步视作经济增长的根源，这解决了新古典增长理论假定规模报酬不变和增长率外生的缺陷。其中，罗默将知识溢出视为经济增长的必要条件，他认为知识具有溢出效应，是追求利润的制造商做出投资决策的特殊商品，任何制造商所产生的知识都可以提高社会生产率。然而，知识溢出会造成企业的私人收益率低于社会收益率，政府不干预经济会导致企业减少知识生产投入，从而竞争市场的均衡增长率比社会最优增长率低。所以，政府必须向生产知识的厂商提供补贴，鼓励私人厂商生产知识，提高社会福利和经济水平。相较罗默的知识溢出效应，卢卡斯的经济增长理论则关注人力资本的溢出，他认为人力资本溢出效应是通过向他人学习或相互学习，促进整体生产效率进步的行为。由于人力资本溢出导致经济体规模收益递增，若政府不进行干预，均衡的经济增长率将始终低于最优经济增长率，进而导致人力资本投资的减少。因此，卢卡斯提出，为了实现社会的经济最优增长，政府也需要对人力资本进行干预。

2.1.3 文化资本理论

文化资本的概念由法国著名社会学家皮埃尔·布迪厄提出，后成为文化资源学重要的理论基础。布迪厄认为，文化资本是将文化资源转化为经济价值形态的文化生产、文化服务活动，他在《资本的形式》中，总结了多种形态的资本，即经济资本、文化资本和社会资本。在布迪厄看来，经济资本是经济学意义的实物资本，以财产权的形式被制度化；文化资本则是由文化资源转化而来的显性价值和隐性价值的集合，以教育资格的形式被制度化；社会资本是由社会关系形成的资本，通过社会网络中的地位和称号加以制度化。布迪厄在《文化资本与社会炼金术》中将文化资本划分为三种形态：一是身体化状态的文化资本。即以精神或者肉体的形式存在，通过家庭教育和教育投资而积累形成的嵌入个体身体中的习性、技能和修养，这种身体化的文化资本接近人力资本概念。二是客观化状态的文化资本。表现为物质化的书籍、绘画作品、图片、辞典、乐器等，这些实物文化资本由身体化状态的文化资本所创造，并与其结合才能体现价值和意义。三是体制化状态的文化资本。即通过社会制度认可的文化能力资格、证书和荣誉，如学术认同感、级别证书、职称和获奖等，该类文化资本受制度合法性保障，因此不再受身体化状态的束缚，被赋予独立的文化价值，其本质是社会制度对身体化状态文化资本的背书。"文化资本"理论被布迪厄称为总体性实践经济学，他认为传统经济学的经济行为只包括能直接转化为金钱的商品交换，而总体性实践经济学则将象征性活动、文化活动和社会活动等非经济行为也视为利益交换行为，是特殊形式的经济行为（朱伟珏，2005）。因此，将经济学概念引入文化研究领域，本质上是对非经济形式的社会学解读。

索罗斯比（Throsby，2001）在布迪厄的基础上，将社会学框架下的"文化资本"概念融入文化经济学领域，他认为"文化资本"是提供文化价值的一种资产，这种资产可以在一定时间内形成具有文化和经济价值的商品或服务。戴维和克莱尔（David & Claire，2020）认为，文化资本是通过对文化遗产进行文化创造产生的价值。我国学者叶朗（2002）则认为，文化资源的积累和文化资源的开发能力，在一个国家或地区表现为文化资本的积累，对个人来说，文化资本是个体具备的文化禀赋和气质，以及接受文化教育和文化修养的程度。张炜娜（2022）则将文化资本视为能够满足公众精神消费需求、创造社会效应和经济效应的文化资源，文化资源转化为文化资本是实现文化价值、社会价值和经济价值相结合的过程。作为文化资源学的基础，文化资本理论的研究衍生出了文化社会学和文化经济学，并成为文化产业价值链开发和转化的重要基础理论。

2.2 文献综述

2.2.1 文化资源的相关研究

2.2.1.1 文化资源的内涵

国内外对文化资源的认识，历经了不同的阶段，包括文化遗产（cultural heritage）、自然文化遗产（natural cultural heritage）、文化景观遗产（cultural landscape heritage）、有形文化遗产（tangible cultural heritage）、历史文化资源（historical cultural resources）和文化资源（cultural resources）等。可以看出，最早涉及文化资源的相关概念是遗产类（heritage）资源，文化资源被认为是旅游资源的一部分。"文化遗产"一词首次出现在联合国教科文组织《保护世界文化和自然遗产公约》（1972）中，其被认为是"从历史、艺术等角度看具有突出的普遍价值的文物、建筑群和遗迹"，但该公约当时只包括物质文化遗产，随着对文化遗产表现形式和多样性的认可，文化遗产内涵才逐渐扩展到非物质文化领域（Josefsson & Aronsson，2016；Vecco，2010）。伴随着文化产业在全球范围内快速发展，出现了含义更广泛的文化资源概念，伯格等（Burger et al.，2019）将文化资源与生态环境联系起来，认为文化资源是那些与文化价值交织在一起并且对维护文化价值的完整性至关重要的资源，如娱乐场所、视觉探索地点、观景台和圣地等。佛斯盖特和滕斯朗德（Fossgard & Stensland，2021）在自然旅游资源的基础上，扩展了文化资源的含义，认为其应包括人类活动在自然界中的有形和无形的痕迹，例如艺术、遗产文物和历史。

翟江（1982）最早将"文化资源"一词引入我国，其后国内学者们对文化资源进行了广泛而深入的探讨，使文化资源的内涵得以不断外延和扩展。现有研究对文化资源的认识主要是从以下三个视角进行，一是从文化人类学的角度，将人类在生产生活过程中所凝结的物质和精神成果视为文化资源，因此，文化资源是一种包含着实用价值、艺术价值、文化价值和经济价值等多种价值的综合体（汤晖和黎永泰，2010；周辉，2020）。二是从文化经济学的视角，将文化资源视为发展文化产业应该具备的文化创意能力、经济条件、文化事业资源、文化元素和技术表现。严荔（2010）认为，文化资源是区域经济工业化发展的一种经济资源和要素，发展区域经济需要挖掘文化资源的经济价值。袁海（2012）则强调了文化资源禀赋和文化资源在经济属性上的不同，并认为以文化生产要素形态进入文化生产领域的文化资源才能称为文化资源禀赋。三是从文化社会学的视角，认为文化资源是人类无差别劳动成果的精华，以及人们从事文化生产或文化活动所利用或可利用的各种资源（申维辰，2005）。周正刚（2004）认为，文化资源是主体可以利用和开发的各种文化力量的客观对象，包括前人创造积累的文化遗产、今人创造的文化信息和文化形态，以及文化活动、设施等文化载体。从时间维度来看，他认为历史文化资源与现实文化资源是文化资源的时间价值表现，人文文化资源与自然文化资源等是文化价值形态的表现。近年来，随着文化产业的跨界融合，学者们开始从不同文化融合类型出发，将文化资源的内涵向红色文化资源、体育文化资源、乡村文化资源等领域延伸（卜艳芳，2021；杨一和秦红增，2020；胡继冬，2021；吕然等，2021）。考虑到文化资源的复杂性，还有学者将文化人才、创意发明等知识资源纳入文化资源（吕庆华，2006）。综合来看，现有关于文化资源内涵的研究，主要是从文化资源的经济属性和社会属性出发，分别从经济学视角和社会学视角对文化资源加以定义。

2.2.1.2 文化资源的测度

目前测度文化资源水平的方法主要有三种。一是从文化资源属性出发，构建多维度文化资源指标体系，使用层次分析法（AHP）、价值评分法、熵值法等对文化资源价值水平进行评估，例如，宁虹雯和吕本富（2022）将研究聚焦于历史文化资源，构建了包括资源禀赋、产业基础、基础设施和人口状况四个子目标层的综合评价指标体系，使用 AHP 方法对历史文化资源进行了测度。

二是从文化资源价值出发，衡量文化资源价值水平的高低，目前文化资源的使用价值与非利用价值是学者们关注的主要方面。例如，王广振（2017）认为，物质文化资源、精神文化资源、有形文化资源和无形文化资源等概念过于空洞，结合国内外文化自然遗产公约及相关保护文件，构建了物质文化和非物质文化遗产、自然遗产和智能文化资源的文化资源分类体系。基于此，从资源品相、文化价值、审美价值和开发成本维度设计了文化资源价值评估体系，使用专家评分的方法估算文化资源的价值。以向勇为代表的北京大学文化产业研究院（2015）在经验研究的基础上，构建了特色文化资源开发效益评估指标体系，该体系从文化资源经济效益和社会效益两个维度出发，构建了奇特价值、传承价值、认同价值、艺术价值等二级指标，使用德尔菲法专家评分计算指标权重。许春晓和胡婷（2017）针对文化旅游资源，从分类赋权思想出发，将文化旅游资源划分为人类文化遗址遗迹、历史建筑与文化空间、文化旅游商品和人文活动四大类，在测算指标主客观权重方法上，选择了模糊评价与层次分析方法。高乐华和刘洋（2017）立足于市场需求，从观赏价值、教育价值、体验价值和服务价值四个维度构建了海洋文化资源价值指标体系，使用 BP 神经网络的多级模糊综合评价模型，测度了蓝色经济区海洋文化资源水平。

三是从资源学角度测算文化资源丰裕度和依赖度。目前，测算丰裕度的方法主要是通过构建指标体系，使用综合评分法计算综合指数，也有的使用地区文化资源拥有量衡量文化资源的丰富程度。如胡小海（2012）构建了区域旅游发展的丰裕度评价指标体系，对区域文化资源丰裕程度进行定量评价，采用层次分析法定量评价指标权重，使用加权求和多指标综合评价模型求得区域文化资源丰裕度综合评价值。吕庆华等（2021）使用城市物质和非物质文化遗产资源占全国比重、城市文化智能资源和设施资源占全国比重分别衡量城市物质和非物质文化遗产资源丰裕度，以及城市文化智能和文化设施资源丰裕度，其中在计算综合文化资源丰裕度的方法上选择了验证性因子分析法计算评价指标权重，采用加权求和的方法计算综合分值。冯星宇等（2021）使用对数化省域单位人口拥有公共图书馆藏书量作为衡量文化资源水平的指标，从文化产业空间集聚效应出发，探究了文化产业发展的影响因素。

2.2.1.3　文化资源对经济发展的影响

目前，有关研究主要集中在文化资源对旅游业和城市发展的影响，以及文化资源的空间特征分析方面。谭娜等（2022）将视角聚焦于红色文化旅游资源对地方经济的影响，实证研究发现，红色旅游资源可以通过旅游业和文旅融合机制，促进地方经济发展。卢元昕（2022）理论分析了民族文化资源通过市场行为转化为经济资源的过程，研究认为，文化资源通过"嵌入"社会结构形成社会生态、资源环境以及人类社会活动高度融合的经济行为，促进旅游产业发展。李文静和张朝枝（2019）从路径依赖视角，理论分析了旅游资源对经济增长的诅咒机制。马仁锋等（2013）使用案例分析的方法，对港口文化资源向创意产业转化的潜力、介质、路径、模式、运行机制等方面进行了探索和分析，研究发现，将港口文化资源转化为文化创意产业的基本条件是市场主导文化资源与现代创意、媒介、市场需求等网络融合，而实现文化创意产业可持续发展的根源则是利用文化资源与地方经济发展相统一，形成资源创意型产业集群。除此以外，基于文化资源与城市发展的紧密关系，国内外均涌现出大量文化资源对城市经济发展的影响研究，或将文化资源及设施视为城市战略的重要资产，探讨文化创意资源对提升城市发展的影响等（Wu & Lin，2021；黄鹤，2006）。刘筱舒和周迪（2022）以英国城市更新为例，研究发现，文化资源是推动城市环境、社会和经济协调发展的根本动力，通过对文化资源禀赋的保护与利用、文化特色的挖掘与营造、文化设施和服务的提供，可以促进城市的更新和发展。理查兹（Richards，2019）认为，文化资源可以帮助规模较小的城市形成集聚优势，促进城市经济的发展，同时小城市应该基于文化资源优势，形成个性化的发展模式，不应该盲目地从大城市复制创意模式，否则会进入"创意陷阱"。

文化资源是时空状态下人类活动的产物，与自然地理条件相互作用会呈现出典型的空间分布特征，基于此，目前对文化资源经济空间效应的研究主要集中在以下三方面。一是从文化地理学角度，分析文化资源的空间特征，使用核密度、局部自相关、最邻近指数等空间分析方法对文化资源的空间密度、空间类型和关联特征进行分析（徐柏翠和潘竟虎，2018；张宇丹等，2022）。王春燕等（2021）以非物质文化遗产为例，使用最邻近指数与核密度分析方法对新疆非遗的形成、发展和扩散机理进行了分析，研究认为，新疆非遗空间分布存在"非遗"数和区域经济发展水平呈"高—低"分布的现象。欧阳舒静等（2022）从空间整合视角，使用网格维数、核密度和最邻近系数分析了广西红色文化资源的空间分布特征，研究认为，广西红色文化资源呈现多中心、连片成带的分布格局，提出采用"政府—社区—市场"的开发模式。黄松等（2015）从数量空间关系、质量空间关系和空间耦合关系三个维度，定量分析了地质遗迹和民族文化资源的空间关联和相互作用，揭示了两者空间关系的成因机理，研究认为，地质遗迹和自然环境构成是影响民族文化产生、发展和演变的动因，而文化资源则是民族对自然环境的选择与适应能力创造物的体现。

二是立足于旅游产业，分析文化资源与旅游经济的空间关系。例如，王玮芹等（2022）研究认为，浙江文化资源与旅游经济存在空间错位，文化资源匮乏地区旅游收入较高，而文化资源丰富的地区，旅游收入反而较低，使用索洛经济增长扩展模型探究了两者的空间错位机制，研究认为，经济发展水平和市场规模是造成文化资源与旅游经济空间错位的主要原因。段春娥等（2022）基于路线型文化资源空间分布的特点，使用竞合理论探讨了文化廊道旅游业的竞合发展模式，结合层次分析法测算了区段旅游发展能力。

三是从经济学角度，探究文化资源对文化产业空间集聚的影响作用。例如，魏和清和李颖（2016，2021）使用 Moran's I 指数对我国文化产业分布特征进行了空间相关性分析，运用空间计量方法研究了我国文化产业的空间溢出效应和影响因素，研究认为，我国文化产业区域间存在明显的弱正向空间自相关性和正向溢出效应，文化资源对文化产业发展和集聚具有正向促进作用。薛宝琪（2022）聚焦于区域文化产业效率的空间异质性以及影响因素研究，研究结果表明，不同区域文化产业效率存在空间异质性的特点，文化资源对文化产业效率进步具有抑制作用。

2.2.2 文化产业全要素生产率的相关研究

2.2.2.1 全要素生产率的相关研究

全要素生产率（total factor productivity，TFP）的概念是由丁伯根（Tinbergen）于 1942 年提出的，被认为是"经济增长中要素投入增长所不能够解释的部分"，其中投入以外的因素主要是指技术进步、资源配置效率的改善和管理水平的提高等方面（Kendirck，1961）。目前，在制定长期宏观增长政策时，TFP 被作为分析经济增长来源的主要工具。从国内外的相关研究来看，学者们对于生产率问题的研究在方法、研究视角和内容等方面均做出了新的尝试，研究内容不仅关注宏观领域的生产率评估，也关注特定行业、部门以及微观企业的生产率问题（黄勃等，2022；Zaman et al.，2022；封永刚，2022）。

在 TFP 测算理论方法和实践探讨方面，基于经典测算方法，学者们对 TFP 的测度方法进行了拓展研究。目前，测度 TFP 使用较为广泛的方法是索洛余值法、随机前沿分析法（stochastic frontier analysis，SFA）和数据包络分析法（data envelopment analysis，DEA），其中前两者是参数法，后者是非参数法。索洛余值法是以柯布—道格拉斯生产函数（以下简称 C-D 生产函数）为基础，以规模效益不变和希克斯中性为前提对 TFP 进行估计的方法。由于索洛余值法规模报酬不变和技术中性的假设与实际生产状况存在较大差异，学者们在此基础上，对生产函数进行了不断改进，陆续有学者将新的变量引入索洛模型（胡亚茹和陈丹丹，2019；李静等，2006）。随着研究的深入，索罗余值法的局限性逐渐显现，曹新颖和刘骏（2019）认为，索洛余值法没有考虑资本投入和劳动力投入的动态滞后性，不符合经济实际运行情况。范巧和郭爱君（2019）认为，基于索洛余值法的 C-D 生产函数模型没有考虑产出和投入要素的空间溢出效应，从而导致对经济增长过程模拟分析存在误差，由此核算出的 TFP 和增长率缺乏精度，故将索洛余值法引入空间计量分析框架，将生产函数拓展为通用嵌套空间模型及其退化模型，实现索洛余值法和空间计量分析的有机结合。尽管学者们对索洛余值法进行了不断改进，但是指数法测度 TFP 的过程较为复杂，始终难以解决指数化过程要求离散数据和时间派生数据近似相等的问题。

SFA 是测度 TFP 的另一种参数方法，自艾格纳等（Aigner et al.，1977）在随机前沿生产函数理论方面实现突破以来，使用 SFA 方法测算 TFP 就一直是学界研究的热点。目前，SFA 方法测算 TFP 主要是两步法，需将 TFP 分解为技术进步、技术效率、配置效率和规模效率四个部分（Kumbhakar，

2000）。该理论生产函数形式设定灵活，故其拟合效果好，在国内外 TFP 研究中具有非常广泛的应用。西伊和科利（See & Coelli，2013）认为，SFA 方法可以有效减少数据噪声和小样本量的问题，通过对比 SFA、DEA-Malmquist 和 Törnqvist 指数法的 TFP 结果，研究发现，本质上三种测算方法的差异是由不同方法使用的成本和收入、输入和输出变量的不同造成的，其中非 SFA 估计方法不包括 SFA 模型中技术效率低下的部分。另有学者使用 DEA 和 SFA 模型对中国工业 TFP 进行了对比分析，研究发现，SFA 估计的 TFP 变化和所有分解项比 DEA 呈现出更小的噪声和更平滑的状态，因此 SFA 方法比 DEA 在解释中国工业 TFP 变动及影响方面更有效（Kang & Kim，2018）。然而，SFA 方法可以观测到随时间变化的低效率，但无法观察到面板数据不随时间变化的个体异质性，为此需要在 SFA 模型中加入一个额外的不随时间变化的控制项，而这种个体效应是否应该被视为低效率项一直存在争议（Kumbhakar，1991；Kumbhakar & Heshmati，1995；Greene，2005a，2005b）。为了解决这个问题，科伦比等（Colombi et al.，2014）、库哈内克等（Kumbhakar et al.，2014）将随机前沿模型扩展为广义真实随机效应模型（generalized true random-effects，以下简称 GTRE 模型）。该模型将不随时间变化的效应分离为双边随机效应，即控制 SFA 模型无法观察到的异质性和单边低效率效应。目前，该方法在 TFP 上的应用尚处于探索阶段，例如，菲利普尼等（Filippini et al.，2022）使用 GTRE 模型估计了跨对数成本边界，计算了瑞士疗养院行业的全要素生产率效率及变化。拉瓦特和夏尔玛（Rawat & Sharma，2021）使用 GTRE 模型测算并分解了 1999～2018 年印度制造业的 TFP，同时考察了动态技术效率变化趋势，结果表明，技术效率存在条件 β 收敛和绝对 β 收敛，TFP 低的印度制造业企业存在追赶行为，驱动 TFP 增长的因素是技术进步和技术效率。

与 SFA 方法和索罗余值法不同，DEA 方法是不需要预先估计参数和确定生产函数形态的非参数法，该方法通过综合分析"部门"投入和产出比率，使用数学规划模型对有效生产前沿面进行确定，并根据"决策单元"（DMU）与有效生产前沿面的距离差距判断 DMU 是否有效（Charnes et al.，1978）。由于 DEA 方法在评价过程中避免了主观因素影响，简化了运算过程，减少了结果误差，目前在经济学、运筹学和管理学等领域都得到了广泛的使用。张海星等（2022）使用三阶段 DEA-Malmquist 指数法，实证分析了我国城镇基础设施投资的 TFP。宋宝琳等（2022）使用三阶段 DEA 方法，分析了中国省级地方政府的投资效率。戈耶尔等（Goyal et al.，2022）将 DEA 模型的 Malmquist 指数和 Luenberger 指数扩展到了以投入为导向的新松弛模型（NSM），用来衡量公共交通部门的 TFP。班沙尔等（Bansal et al.，2022）将 DEA 模型扩展到动态前沿面 Malmquist-Luenberger 模型，研究了 2013～2017 年印度银行的 TFP 水平，并将生产率变化指标分解为效率变化、最佳实践变化和技术差距变化。

2.2.2.2　文化产业 TFP 的测算

文化产业 TFP 是探究文化产业高质量发展的重要指标，现有关于文化产业 TFP 的测算主要使用 DEA-Malmquist 生产率指数法和 SFA 方法，利用中观行业层面和微观企业层面数据进行。韩海彬和王云凤（2022）基于 MinDS 模型和 Malmquist 生产率指数分析了我国 30 个省份文化产业 TFP 的特征，研究认为，我国文化产业 TFP 存在 28.9% 的改进空间，且地区间差异较大，东部地区优于中部和西部地区。吴慧香（2015）使用 DEA-Malmquist 生产率指数法测算了我国文化产业的 TFP，研究发现，我国文化产业 TFP 水平起伏较大，国家政策和文化体制改革是导致文化产业 TFP 波动的主要原因。江晓晗和任晓璐（2021）使用 DEA-Malmquist 模型考察了长江经济带沿线省份的文化产业 TFP。曾荣平和蔡爱斌（2019）基于 SBM 超效率模型和 Malmquist 指数法测度了文化产业效率，研究发现，我国文化产业效率呈现先下降后上升的"U"型变化趋势。曹沥伟和周凯（2022）使用半参数 LP 法利用微观企业数据对文化产业 TFP 进行了测算。鉴于文化部门内不同行业存在较大差异，还有一部分学者将研究聚焦于文化创意、文化制造、文化传媒等行业的 TFP 研究，例如朱伟等（2018）基于规模报酬可变的 RD-Malmquist 生产率指数模型，测算了我国文化创意上市公司的 TFP，据此分析了我国文化创意产业 TFP 变化特征。韩东林和刘兵兵（2018）利用方向性距离函数的 Malmquist-Luenberger 指数，测算并比较了我国文化制造业绿色 TFP 的区域差异。

SFA 方法测算 TFP 是两步法，现有关于文化产业 TFP 的 SFA 方法多数止步于第一阶段，仅测算文化产业技术效率，或者与 DEA 方法结合构成修正 DEA 模型（Liu & Li，2019；王从春和陈敬良，2017；雷原等，2015）。高云虹和李学慧（2017）使用三段 DEA 模型研究了西部地区文化产业产出效率，结论认为，西部地区整体文化产业效率偏低，其中纯技术效率是拉低该地区文化产业效率的主要因素。杨晓琳（2017）利用三阶段 DEA 模型和超效率模型测算了我国 31 个省份文化产业投入产出效率，研究表明，我国文化产业综合效率整体水平偏低，规模效率滞后是制约文化产业综合效率的主要原因。也有学者结合文化产业特点，将技术和知识要素引入文化产业 TFP 研究，用来评估文化产业发展的效果以及文化产业集聚对文化产业 TFP 的影响（Hsueh et al.，2012；Coll，2017）。

2.2.2.3 关于文化产业全要素生产率的影响因素研究

已有研究主要是从要素错配、金融发展、产业集聚等视角分析和探讨不同因素对文化产业 TFP 的影响差异。一是从要素配置的视角出发。顾江等（2018）研究认为，金融错配对文化产业 TFP 具有显著的抑制作用，且存在明显的时间滞后性，进一步研究发现，金融错配是金融发展提升文化产业 TFP 的中介渠道。顾江和车树林（2017）从供给侧结构性改革视角出发，结合文化产业集聚生命周期理论和新经济地理集聚外部性理论，探析了影响文化产业发展的政策错配、资本错配、技术错配和劳动力错配等因素，研究认为，文化集聚可以通过改善资源错配提高文化产业 TFP。邓向阳和王勇华（2020）在研究文化传媒行业的 TFP 时，使用了生产函数法和 Malmquist 指数法，通过最小二乘法回归模型发现，文化传媒产业要素市场扭曲是影响产业 TFP 增长的主要原因。钟廷勇和孙芳城（2017）研究发现，文化生产要素在行业间、区域间的错配将导致文化产业 TFP 损失，因此促进文化产业 TFP 发展，需要放松文化市场准入门槛、改善企业外部环境和提高资源配置效率。二是从金融发展的视角来看，现有研究普遍认为，金融发展水平对文化产业具有重要影响。郝羚伊和史占中（2019）认为，银行借款、民间借贷、债券融资等内源融资渠道对文化企业 TFP 具有显著的促进作用。熊彬和常晓慧（2022）发现，金融集聚与文化产业 TFP 均表现出空间正相关，金融集聚对文化产业 TFP 具有显著的空间溢出效应。与其相反，朱建等（2020）认为，金融集聚加剧了金融资源在地区间的非均衡程度，对文化产业发展具有负向空间溢出效应。三是从产业集聚的视角出发，探讨地理集群效应对文化产业效率的影响（Clare，2013）。黄辰洋等（2022）认为，文化产业发展过程存在正向空间相关性和空间集聚性，文化产业集聚对区域文化产业竞争力、文化产业效率具有明显的推动力。雷宏振和李芸（2020）论证了文化产业发展效率与产业集聚之间的非线性关系，研究发现，产业集聚、人力资本水平和创新能力等都对文化产业整体效率水平具有促进作用。王家庭和梁栋（2021）通过分析文化产业效率的时空分布差异，研究认为，文化单位数量、文化市场潜力、文化产业基础设施和人力资本对文化产业效率存在正向影响。

另有一些文献从文化产业的外部环境出发，将信息化水平、城镇化水平、文化旅游水平和市场需求等因素纳入文化产业 TFP 的影响研究（王学军，2015），例如，王家庭和梁栋（2020）构建了文化制造业绿色 TFP 的影响因素模型，结论指出，文化制造业绿色 TFP 受到产业发展因素和环境因素影响，具体包括禀赋结构、市场需求、地区发展水平、文化产业发展水平，以及能源结构和环境规制强度等。赵阳等（2015）认为，政府财政支持和文化事业机构可以促进文化产业效率，且两者的正向作用比文化市场需求、城镇化水平和信息化水平的作用要强，人力资本和市场化影响文化产业效率存在一定的区域异质性，整体来讲，文化资源可以促进文化产业效率进步。韩松和王洺硕（2022）研究发现，数字经济对文化产业 TFP 具有空间溢出效应，且数字经济和研发创新对文化产业 TFP 具有显著的协同促进作用。

2.2.3 文化资源影响文化产业 TFP 的相关研究

2.2.3.1 文化资源与文化产业 TFP

现有关于文化资源影响文化产业 TFP 的研究主要立足于旅游产业或者文旅融合的需求，从文化经济地理学角度分析文化资源与旅游经济的耦合特征，以及文化资源影响旅游产业发展的作用机制。胡小海和黄震方（2017）研究认为，区域文化资源与旅游经济存在较高的耦合协调度，文化资源可以促进区域旅游经济的发展，且旅游经济的增长对文化资源具有反哺作用，可以促进文化资源的保护、传承与沉淀，经济发展水平、政府主导力度和客源市场则是两者耦合的主要外部驱动力。洪学婷等（2021）分析了区域文化资源和旅游产业的协调关系，研究认为，文化资源和旅游产业存在时空分异，且两者耦合协调度受到经济发展水平、市场需求、基础设施、环境等因素的影响。马尔多纳等（Maldonado-Erazo et al.，2022）梳理了文化资源与区域发展之间的关系，研究认为，文化资源是推动经济可持续发展的基础，其资源水平决定了地方旅游业发展的潜力，发展旅游业需要对地方环境价值、文化遗产以及"文化—自然—人类"的相互作用进行评估。

近年来，已有少部分学者尝试从文化产业的视角，探讨文化资源对文化产业发展的影响。吕庆华等（2021）以文化资源丰裕度指数和文化产业发展水平指数，作为城市文化资源和文化产业发展的测度指标，运用波士顿矩阵分析了文化资源与文化产业发展的匹配类型，研究认为，我国东部城市文化资源丰裕度较高，而中西部和东北部较低，整体来讲，文化资源与文化产业发展匹配有助于推动文化产业高质量发展。林存文和吕庆华（2020）构建了城市文化资源丰裕度的度量指标体系，使用混合 OLS 回归面板模型分别检验了非物质文化遗产资源、文化智能资源、文化设施资源和物质文化遗产资源对文化产业发展水平的影响，研究认为，物质文化遗产资源对文化产业发展具有负面影响，而其他资源对文化产业具有正向影响。薛宝琪（2022）以河南省域文化产业技术效率为研究对象，使用文化产业年末企业法人单位数衡量文化资源禀赋水平，研究发现，文化资源禀赋对文化产业效率具有负向的空间效应。

2.2.3.2　文化资源、政府支持与文化产业 TFP

由于文化资源和文化产业具有社会属性，因此政府在文化资源影响文化产业 TFP 的过程中发挥着重要作用，但现有研究多数讨论了文化资源与政府支持，文化产业 TFP 与政府支持的关系，鲜见将三者置于同一框架内研究的文献。

（1）文化资源与政府支持。梳理已有研究发现，从经济学角度探究文化资源与政府支持的研究较少，相关文献主要集中于分析政府在文化资源"开发—保护"过程中的作用，以及如何将文化资源进行产业化和市场化的问题。邵春明和朱锦程（2014）研究认为，鉴于文化资源的公益性、社会性、服务性和可开发性，政府规制介入文化资源可持续发展的路径主要是通过确立规范性的制度、引导多元主体参与文化资源开发。贾文山和石俊（2019）以西安文化资源开发为例，构建了中国城市文化竞争力评价体系，研究认为，西安文化产业转型升级面临产业发展和文化资源优势不匹配的问题，文化产业发展不是简单地商品化文化资源，而是凭借市场手段，从文化资源集聚到文化产业发展的价值转化过程。李泽华（2018）以济南市章丘区为例，从供给侧视域下研究了历史文化资源的产业化过程，他认为影响历史文化资源产业化的主要因素是政府政策法规、金融资本、科学技术以及"高精尖"的人力资本。要实现历史文化产业化，政府需要对历史文化资源进行整合，形成特色鲜明、内容丰富、富有内涵的新资源。陈凤娣（2022）研究了乡土文化资源的产业化问题，结论表明，文化产业化只有从文化资源中提炼出特色文化要素，通过产业赋能，促进文化资源与资金、技术、人才和信息等产业要素的流通，才能实现乡土文化产业发展。

（2）文化产业 TFP 与政府支持。目前，政府支持对文化产业 TFP 的影响研究主要涉及以下三个方面。一是，将文化产业视为政府"软实力"的来源，判断政府文化保护主义政策对产业发展的有效性。麦瑟林等（Messerlin et al.，2020）认为，在 Covid-19 大流行期间，文化贸易保护主义措施遭受到了极大的挑战，一方面，传统的电影院放映方式逐渐式微；另一方面，付费视频服务用户数量大幅增加。互联网和全球化改变了文化内容生产、传播和消费方式，削弱了文化保护主义政策对文化产业发展的有效性。奥特马津（Otmazgin，2020）研究了各国政府对文化媒体的生产和输出过程中的措施，他认为，文化传媒行业的发展不是政府支持政策的结果，政策是媒体行业兴起之后实施的，没有证据表明政府干预可以推动文化传媒行业发展。部分国外学者认为，中国电影业实行了一系列免受外国竞争的政府保护政策，企业倾向于利用有利的政府政策，通过替代选择避免限制性监管以实现利润最大化（Moon & Yin，2020）。朴（Parc J，2016）评估了韩国保护主义政策对电影业的影响，研究认为，政府补贴、退税、屏幕配额等扶持政策对韩国电影行业发展并没有明显的促进作用；相反，保护主义的文化政策严重阻碍了市场功能。韩国电影业腾飞的根本原因在于电影市场改革，扩大对外开放市场竞争，激励企业在商业环境中实现利益最大化的积极性。

二是，从具体的制度、金融、财税补助等措施探讨政府支持对文化产业发展效率的影响。郭平等（2021）以江西省文化产业为例，使用三阶段

DEA 模型分析了技术、规模和金融支持对文化产业效率的影响。研究结果表明，规模效率低下是制约文化产业发展的关键因素，落后的融资管理水平对文化产业效率具有显著的抑制性作用，在增加文化产业金融支持的同时，需要提高资金的利用率、优化资金分配和管理模式、改善金融外部性环境，进而推动文化产业高质量发展。曹沥伟和周凯（2022）从政府税收支持角度，分析了"营改增"对文化产业 TFP 的影响，研究发现，政府"营改增"可以提高企业对员工薪酬的激励水平，促进文化企业的 TFP。焦斌龙和赵卫军（2017）研究发现，政府对文化产业 TFP 的促进作用具有滞后性，且长期推动作用略强于短期作用。吕洪渠和董意凤（2018）研究认为，文化产业政府干预主要表现为直接行政干预和间接财政干预，其中，财政支出将对文化产业效益进步产生抑制作用，直接干预对文化产业效益和地区差异性影响不大。

三是，将文化产业的外部环境，例如城市环境、创意环境和科技环境等视为政府支持手段（Scott，2006），研究这些外部环境对文化产业发展的影响。埃文斯（Evans，2001，2004）认为，文化产业内包括了大量充满活力和独立的微型和小型企业，它们是创意创新的主要驱动力，但是这些企业存在结构薄弱，缺乏金融资本和研发能力，新技术的吸收率较低等问题。安德森（Andersson，1985a，1985b）和弗卢（Flew，2002）认为，政府设置"文化区"（cutural quarters）可以为企业提供稳定的文化和创意环境，保护规模小、实力弱的文化创意公司免受租金上涨的影响。佛罗里达（Florida，2019）和蒙斯马（Mommaas，2004）认为，政府通过培育"创意社区"，向独立艺术家和文化创意企业提供功能文化创意集群，可以吸引更多的创意阶层和更多的休闲创意产业。但是，以地方政府经济增长为目的的创意产业集群，则依旧是工业产权为主导的发展和利润驱动模式，这种城市文化政策并没有为文化产业和活动创造真正理想的创作环境（Zheng & Chan，2014）。

2.2.4 研究述评

随着我国文化强国目标和战略的提出，以及对文化软实力的日益重视，文化产业得到飞速发展。陆续有学者开始尝试将经济学理论引入文化相关领域，国内外相关研究都得到了快速发展，研究内容和方向从早期的概念争论进入相关影响因素研究，以及政府行为、产业政策评价方面，但目前有关文化资源的研究主要涉及文化物质遗产领域和对文化旅游资源开发价值的评估，然而从经济学角度探究文化资源对文化产业 TFP 影响的研究刚刚起步。通过对相关文献的梳理，本书认为现有研究主要存在以下不足。

一是，目前关于文化资源的研究主要是基于社会学、艺术学和管理学的理论基础，对文化资源进行概述和探析。多数停留于对区域文化资源评价体系的设计和构建，较少考虑文化信息资源和创新资源等现代文化资源，或是从旅游业发展视角，将文化资源视为旅游资源的一部分，分析物质文化资源对旅游产业和城市发展的经济影响，抑或从文化地理经济学的角度分析文化资源的空间分布特征、形成、发展和扩散机理，探讨文化资源与旅游经济发展的耦合机制，而从空间经济学的角度分析文化资源对文化产业的影响效应的研究较少。结合对资源禀赋理论的梳理，可以发现目前资源学研究也主要关注自然资源禀赋对经济增长的影响，聚焦于能源产业、能源效率和资源型城市等领域，对非自然资源的关注不足。整体来讲，涉及文化资源的研究尚处于起步阶段，故本书将结合资源禀赋和现代经济增长理论，以及社会学文化资本理论，立足于文化产业发展，聚焦于文化资源研究，将文化创新资源和信息化资源引入文化资源指标体系，从文化资源的空间溢出效应出发，探究文化资源对本地以及对空间相邻地区文化产业 TFP 的影响。

二是，现有文化产业 TFP 的研究使用 DEA-Malmquist 和 SFA 的方法较为广泛，但主要利用 SFA 方法测算文化产业的技术效率，较少对文化产业 TFP

进行分解，并进行敛散性特征的分析。另外，有关文化产业 TFP 的影响因素研究，目前多数聚焦于资本、劳动力等生产要素的投入和配置问题，或者研究金融发展、产业集群、信息化水平、城镇化水平和市场需求等影响因素，对文化资源的关注不足。为此，本书将尝试使用 SFA 方法分解和测算文化产业 TFP，纵向分析文化产业 TFP 的演化特征，比较区域文化产业实现追赶超越的现实水平，关注文化资源对文化产业 TFP 的影响和效应，探究我国文化资源是否存在"资源诅咒"问题。

三是，目前从经济学角度分析文化资源对文化产业 TFP 的影响研究较少。现有研究多数是将经济学概念引入社会学领域，理论分析文化资源对文化产业发展的影响过程，缺乏实证研究的支撑。具体到文化资源和文化产业 TFP 之间的作用机制，目前仍以理论分析为主，少量文献涉及红色文化资源对经济发展的影响机制，以及文化资源的转化效率研究。此外，相关研究虽然重视了政府对文化资源和文化产业 TFP 的作用，但没有将政府支持置于文化资源和文化产业 TFP 的统一框架下进行分析，导致无法判断政府支持在文化资源影响文化产业 TFP 过程中的有效性。因此，在已有研究的基础上，本书将探究文化资源对文化产业 TFP 的作用机制，将政府支持引入文化资源和文化产业 TFP 的研究框架，探讨政府支持手段的有效性，为提升文化资源促进文化产业发展提供一些理论支持。

第3章

文化资源对文化产业 TFP 影响的理论分析

与一般产业资源不同，文化资源具有抽象性和社会性，需要转化为具有经济学意义的产业资源要素，才能参与生产并影响文化产业发展。因此，文化资源对文化产业 TFP 的影响，不能一般化为劳动力、资本和技术等生产要素对文化产业 TFP 的作用。正因如此，本章将结合经济学和社会学的相关理论，将文化资源和文化产业 TFP 纳入统一研究框架，尝试建立文化资源影响文化产业 TFP 的数理模型。在此基础上，结合社会学文化资本理论，从文化资源的社会属性和经济属性出发，将文化人力资本变动和文化企业集群引入文化资源对文化产业 TFP 的影响过程，分析文化资源对文化产业 TFP 的影响机制和效应。

3.1 文化资源影响文化产业 TFP 的理论模型

目前，研究自然资源引发的经济发展问题，主要是基于巴拉萨—萨缪尔森效应假说（Balassa-Samuelson effect hypothesis），使用"干中学"模型和"荷兰病"模型等进行分析。本章在已有研究的基础上，将具有复杂产品形态特征的文化产业分为文化制造部门和文化服务部门，引入"干中学"效应的内生增长模型，以此讨论文化资源对文化产业 TFP 的影响。

3.1.1 数理模型的构建

3.1.1.1 模型的基本结构

假设文化产业由文化制造部门和文化服务部门构成，其中，文化制造部门只生产一种在经济体内流通的最终文化产品，用来满足文化消费者的物质资本积累。文化服务部门的产品全部用于对外等值的文化服务产品交换，所换回的产品用于经济体内的文化服务需求和积累，两部门产品价格由市场统一外生定价。为简化分析，假定文化产业内劳动力总量维持 L，且劳动力在市场内充分就业并可以自由流动，所有劳动者既是文化生产者也是消费者。文化制造部门发展较早，存在明显的技术积累和技术溢出，劳动力份额为 γ；文化服务部门对技术创新具有强烈的内生动力，也具有"边干边学"的特征，劳动力份额为 $(1 - \gamma)$。

3.1.1.2 生产函数

（1）文化制造部门，是从事文化生产活动最为重要的部门，生产过程需要大量的资本和劳动力等生产要素投入。因此，本书采用规模报酬不变的柯布—道格拉斯生产函数设置文化制造部门的生产函数：

$$M = (A\gamma L)^{\alpha} K^{\beta} \qquad (3-1)$$

其中，M 是文化制造部门产出，A 为技术存量，L 为劳动力，K 为物质资本存量，α、β 为产出弹性，$\alpha + \beta = 1$，$0 < \alpha < 1$，$0 < \beta < 1$，技术进步服从哈罗德中性。

（2）文化服务部门，文化资源构成较为复杂，具有公共资源性质，无法直接投入文化生产，且地区间文化资源水平存在较大差距，需要特殊部门对区域内文化资源进行管理和开发。因此，本书假设文化产业内存在一个特殊部门对文化资源进行开发和利用，且主要生产要素是劳动力和文化资源。鉴于 CES 生产函数要素生产弹性变化性强，更为灵活，因此本书将文化服务部门生产函数设定为固定替代弹性生产函数（constant elasticity of substitution，CES）：

$$W = A \left\{ (1-\lambda) D^{\xi} + \lambda \left[(1-\gamma) L \right]^{\xi} \right\}^{\frac{\varpi}{\xi}} \qquad (3-2)$$

其中，W 是文化服务部门产出，$(1-\gamma)L$ 为劳动力数量，D 为文化资源，A 为接受的文化制造部门技术溢出。

λ 是劳动产出弹性参数，表示文化服务部门劳动力投入权重，反映了文化服务部门内的产出结构情况。由式（3-2）可计算得到劳动产出弹性为

$\dfrac{\varpi}{1 + \dfrac{1-\lambda}{\lambda} \left[\dfrac{D}{(1-\gamma)L} \right]^{\xi}}$，在其他条件不变的情况下，$\lambda$ 值越大，劳动产出弹性

越高，产出效率也越高。同理，$1-\lambda$ 为文化资源的产出弹性参数，$1-\lambda$ 值越大，文化资源利用效率和产出水平越高。λ 取值在（0，1）。

ω 是规模报酬率，即生产弹性。$\omega > 1$、$\omega = 1$ 和 $\omega < 1$ 分别表示规模报酬递增、规模报酬不变和规模报酬递减。虽然文化资源具有一定的可再生性，但实际中，文化服务部门依然存在大量不可再生的文化资源，可耗竭文化资源的规模报酬率将随资源开发活动的进行，呈现下降趋势。因此，为了便于

一般化分析，本书设定文化服务部门生产函数递减，规模报酬率 ω 在（0，1）。

ξ 是劳动力和与文化资源的替代弹性参数。替代弹性 $\varepsilon = 1/(1-\xi)$，ξ 值越大，要素替代弹性 ε 越大。它表示文化资源的产出回报率与劳动力工资之比每提高1%，劳动与文化资源投入比例提高 ε%。当条件不变时，ξ 值越大，替代弹性 ε 越高，厂商对要素替代价格的敏感程度越高，更倾向于选择成本价格相对低的要素，要素的配置效率就越高。反之，ξ 替代弹性越小，厂商对要素相对价格越不敏感，要素配置效率越低。ξ 参数在（$-\infty$，1）。

3.1.1.3 技术

本书依据内生经济增长理论，将文化制造部门视为可以通过技术溢出和技术进步推动文化产业发展的部门，其技术变化形式设定为：

$$\dot{A} = \delta M, \ \delta > 0 \tag{3-3}$$

其中，$\dot{A}$ 为技术知识存量的增量，δ 是技术效率参数，δ 值越大，技术效率越高。阿罗（Arrow）的两个关键性假设认为，技术和知识是经验的产物，一方面，部门内经验的累积可以促进生产率的提高；另一方面，技术知识的非排他性和非竞争性，可以促使部门间产生技术溢出效应，推动整个社会和行业的技术进步。因此，在技术知识既定条件下，文化制造部门"干中学"效应导致技术知识水平会随着产出的增加而提高，总产出规模报酬递增。结合式（3-1）和式（3-3），技术增长率可以表示为：

$$\dot{A}/A = \delta(A/K)^{-\beta}(\gamma L)^{\alpha} \tag{3-4}$$

3.1.1.4 偏好

假设文化市场内全部是特征一致、期限无穷的理性消费者，向文化市场提供充足的劳动力。使用拉姆齐模型（Ramsey-Cass-Koopmans model），设定最优文化消费者弹性效用函数为：

$$U(c) = \int_0^\infty \frac{c^{1-\sigma}-1}{1-\sigma} Le^{-\rho t}\mathrm{d}t = \int_0^\infty \frac{c^{1-\sigma}-1}{1-\sigma} e^{-\rho t}\mathrm{d}t \tag{3-5}$$

其中，$c = C/L$ 表示消费者瞬时消费，C 为瞬时总消费，L 为总人口数；$\rho > 0$ 是消费者主观偏好率，$\sigma \geq 0$ 是相对风险厌恶系数，是跨期替代弹性的倒数。

文化消费者自身收入和资产决定了个人预算约束，表现为消费者工资和资产的时间收益，因此，在不考虑其他文化资源租金、分红、征收费用、补偿等其他收入的情况下，构建如下个体跨期效用水平最大化时面临的财务预算约束为：

$$\dot{a} = w + ra - c \qquad (3-6)$$

其中，w 是工资收入，ra 是个人净资产时间收入，r 是利率，a 是个人净资产。由汉密尔顿函数式（3-7），推导出最优消费增长率的表达式（3-8）：

$$H = \frac{c^{1-\sigma}-1}{1-\sigma}e^{-\rho t} + \lambda \dot{a} \qquad (3-7)$$

其中，λ 是净资产 a 的影子价格。

$$g_c = \frac{\dot{c}}{c} = \frac{r-\rho}{\sigma} \qquad (3-8)$$

3.1.2　均衡分析

3.1.2.1　假定市场竞争存在动态均衡须满足的条件

假定文化制造部门产品价格是 P_M，当其价格为 1 时，文化服务部门产品的相对价格为 P_W，这两个部门的劳动力工资率是 $w_i(i = M, W)$，假定部门的生产要素和产品都面临着充分的市场竞争。均衡价格序列 $\{r, w\}_0^\infty$ 和相关经济变量的均衡序列 $\{c, \gamma, M, E, A, K\}_0^\infty$ 在经济均衡增长的路径上应符合以下条件。

（1）文化制造部门和服务部门利润最大化，获得最大收益。在既定最终产品的市场价格、劳动力工资水平和利率水平下，最终文化产品制造商的投入水平取决于选择劳动力和资本要素 $\{\gamma, K\}_0^\infty$。在文化服务价格、文化资源水平、劳动力市场均衡工资给定的情况下，文化服务部门厂商为实现利润最大化，选择劳动力要素投入数量为 $\{v\}_0^\infty$。

（2）文化消费者效用最大化。消费者财富来源于工资收入 w 和资本时间价值 ra。消费者在既定利率、消费价格和资产约束的情况下，依照文化消费序列 $\{c\}_0^\infty$ 在无限时域上选择消费和财富积累路径，以实现最大化效应。

（3）文化市场出清。文化市场内劳动力实现充分就业，即文化制造部门和文化服务部门的劳动力合计数量等于文化产业内可提供的所有劳动力数量。文化制造部门的最终商品在经济体内流通，而文化服务产品全部用于对外交换，并换得等额最终产品。在物质资本市场上，新增物质积累被用于最终文化产品生产。

3.1.2.2　在动态市场均衡竞争条件下两部门厂商行为

假设文化制造部门仅有一个代表性厂商，生产者实现利润最大化可表示为：

$$\pi_M = \max_{\gamma, K}\left[P_M(A\gamma L)^\alpha K^\beta \right] - w_M \gamma L - rK \qquad (3-9)$$

在均衡条件下，由式（3-9）一阶均衡状态 $\dfrac{\partial \pi_M}{\partial L}=0$，$\dfrac{\partial \pi_M}{\partial K}=0$，推出文化制造部门劳动力和资本边际产出为：

$$w_M = \alpha A^\alpha (\gamma L)^{1-\alpha} K^\beta \qquad (3-10)$$

$$r = \beta (A\gamma L)^\alpha K^{\beta-1} \qquad (3-11)$$

同理，文化服务部门也存在一个代表性厂商，满足其利润最大化目标的生产行为表示为：

$$\pi_W = \max_{1-\gamma}(1+\tau)P_W A\left\{ (1-\lambda)R^\xi + \lambda\left[(1-\gamma)L \right]^\xi \right\}^{\omega\xi^{-1}} - w_W(1-\gamma)L$$

$$(3-12)$$

其中，τ 是一个政府支持水平的外生参数，由于文化资源具有一定的公共属性，在文化资源产业化过程中政府可能向文化服务部门提供一定的政府补助、财政支持、税收优惠等支持政策，这些支持手段可以用来弥补部分生产成本，也可能导致寻租问题，降低文化服务部门生产效率，因此，τ 的取值为 $(-1, 1)$。由 $\frac{\partial \pi_W}{\partial L} = 0$ 的一阶条件，式（3 – 12）可以求得文化服务部门的劳动力收入为：

$$w_W = (1 + \tau) P_W \lambda \, \varpi \, A^{\xi \omega^{-1}} E^{1 - \xi \omega^{-1}} [(1 - \gamma) L]^{\xi - 1} \qquad (3 - 13)$$

3.1.2.3 平衡增长路径

在不考虑资本折旧的情况下，文化产业总产出 Y 在资本市场出清时，包含了文化消费总额和新增物质资本，即：

$$Y = M + P_W W = \dot{K} + C \qquad (3 - 14)$$

假设文化产业两部门间的劳动力能够充分流动，即文化制造部门和文化服务部门具有相同的劳动力工资水平，则 $w_M = w_W$，由式（3 – 12）和式（3 – 13）可得：

$$\alpha A^\alpha (\gamma L)^{1 - \alpha} K^\beta = (1 + \tau) P_W \lambda \, \varpi \, A^{\xi \omega^{-1}} E^{1 - \xi \omega^{-1}} [(1 - \gamma) L]^{\xi - 1} \quad (3 - 15)$$

假设总人口不变，则人均资本、人均消费和人均产出可以分别表示为：$k = K/AL$、$c' = C/AL$、$y = Y/L$。各变量的增长率可以用 g 表示为：$g_c = \dot{C}/C$、$g_Y = \dot{Y}/Y$、$g_A = \dot{A}/A$。新古典增长理论认为，TFP 是经济增长中要素投入无法解释的那部分剩余，据此，索洛（Solow, 1957）提出了由总量生产函数测算产出增长率扣除各投入要素增长率后的残差法来估算 TFP。在规模收益不变和希斯克斯中性技术假设下，TFP 增长率 g_T 就等于技术进步率。因此，由式（3 – 4）可得，$g_T = g_A$。

通过对式（3 – 4）、式（3 – 11）和式（3 – 15）整理可得：

$$g_A = \delta L \gamma^\alpha k^\beta \qquad (3 - 16)$$

$$\alpha \gamma^{\alpha - 1} k^{-\beta} = (1 + \tau) P_W \lambda \, \varpi \, [(1 - \gamma) L]^{\xi - 1} \{(1 - \lambda) D^\xi + \lambda [(1 - \gamma) L]^\xi\}^{\frac{\omega - \xi}{\xi}}$$

$$(3 - 17)$$

结合式（3-8）、式（3-15）和式（3-17）可以推出人均消费增长率是：

$$g_{c'} = \frac{\beta L\gamma^{\alpha}k^{\beta} - \rho}{\sigma} - \delta L\gamma^{\alpha}k^{\beta} \qquad (3-18)$$

在平衡增长路径下，文化产业的总产出 Y、资本 K 和消费 C 具有相同的增长率，求出模型的均衡解是 $\{r, \gamma\}$，即此状态时物质资本回报率和劳动力在各部门间的分配是恒定的，$g_r = g_{\gamma} = 0$。

由式（3-1）、式（3-14）和式（3-15）推导整理得到如下关系：

$$g_y = g_Y = g_M = g_T = g_C = g_K = g_A \qquad (3-19)$$

进一步可以推出：

$$g_r = g_{\gamma} = g_{c'} = 0 \qquad (3-20)$$

将式（3-20）代入式（3-18），可得：

$$\frac{\beta\gamma^{\alpha}k^{\beta} - \rho}{\sigma} = \delta L\gamma^{\alpha}k^{\beta} \qquad (3-21)$$

由式（3-17）和式（3-21）可联立构成一个关于 γ 和 k 的方程组，得到有效人均资本 k，文化产业总产出增长率 g_Y、文化产业全要素生产率 g_T 和文化制造部门产出增长率 g_M 的表达式：

$$k = \gamma \left[\alpha^{-1}(1+\tau)P_W\lambda\varpi \right]^{\beta^{-1}} \left[(1-\gamma)L \right]^{(\xi-1)\beta^{-1}}$$
$$\left\{ (1-\lambda)D^{\xi} + \lambda \left[(1-\gamma)L \right]^{\xi} \right\}^{\left(\frac{\omega-\xi}{\xi}\right)\beta^{-1}} \qquad (3-22)$$

$$g_Y = g_M = g_T$$
$$= (1+\tau)\alpha^{-1}P_W\delta\lambda\varpi\gamma(1-\gamma)^{\xi-1}L^{\xi}\left\{ (1-\lambda)D^{\xi} + \lambda\left[(1-\gamma)L \right]^{\xi} \right\}^{\frac{\omega-\xi}{\xi}} \qquad (3-23)$$

文化制造部门劳动力投入份额 γ 可以由如下方程表达：

$$\beta\alpha^{-\beta^{-1}}(1+\tau)^{-\alpha\beta^{-1}}(P_W\lambda\varpi)^{-\alpha\beta^{-1}} \qquad = \qquad \sigma\delta LP_W\varpi\lambda\gamma\left[(1-\gamma)L \right]^{\xi-1}$$
$$\left[(1-\gamma)L \right]^{-(\xi-1)\alpha\beta^{-1}}\left\{ (1-\lambda)D^{\xi} + \qquad \left\{ (1-\lambda)D^{\xi} + \lambda\left[(1-\gamma)L \right]^{\xi} \right\}^{\frac{\omega-\xi}{\xi}} + \alpha\rho$$
$$\lambda\left[(1-\gamma)L \right]^{\xi} \right\}^{-\left(\frac{\omega-\xi}{\xi}\right)\alpha\beta^{-1}}$$

$$(3-24)$$

3.1.2.4　比较静态分析

由式（3-22）和式（3-23）可以看出，劳动力投入份额 γ 决定了文化制造部门人均资本 k、文化产业总产出增长率 g_Y、文化产业全要素生产率 g_T，以及文化制造部门产出增长率 g_M，而 γ 又受到文化资源 D、文化产品价格 P_W 和政府支持效率 τ 的影响。

由表 3-1 比较静态结果可以看出，当其他条件不变，文化服务部门的要素配置效率 ξ 小于规模报酬 ω 时，有效人均资本积累 k 和文化服务部门的劳动力份额 $1-\gamma$ 将随文化资源水平 D 的提高而增加，实际利率 r、文化产业全要素生产率 g_T 则与文化资源水平 D 成反比。当文化服务部门的要素配置效率 ξ 大于规模报酬 ω 时，文化资源水平 D 越高，文化产业全要素生产率 g_T 越高，文化服务部门的劳动力份额 $1-\gamma$ 就越低。此外，政府支持水平 τ 越高，意味着物质资本积累水平 k 和文化服务部门劳动力份额 $1-\gamma$ 越高，实际利率 r、文化产业全要素生产率 g_T 越低。

表 3-1　　　　　　　　　　　比较静态分析结果

偏导	条件	$\chi = k$	$\chi = r$	$\chi = \gamma$	$\chi = 1-\gamma$	$\chi = g_Y = g_M = g_T$
$\dfrac{\partial \chi}{\partial D}$	$\xi < \omega \leq 1$	>0	<0	<0	>0	<0
	$0 < \omega < \xi < 1$	<0	>0	>0	<0	>0
	$\omega = \xi$	$=0$	$=0$	$=0$	$=0$	$=0$
$\dfrac{\partial \chi}{\partial \tau}$	—	>0	<0	<0	>0	<0

以上结果表明，文化资源对文化服务部门产出效率的影响取决于文化服务部门生产要素替代弹性与规模报酬率之间的大小关系。随着文化服务部门的生产规模扩大，对生产要素的需求量增加，物质资本和劳动力向文化服务

部门流入，导致文化制造部门的劳动力份额减少，技术溢出下降，抑制文化产业整体的全要素生产率水平。此时，文化资源和文化产业 TFP 表现为一种负向关系，即存在文化"资源诅咒"。当文化服务部门的配置效率 ξ 高于规模报酬 ω 水平时，随着要素配置效率提高，文化服务部门对生产要素的需求，由数量上的扩张转向要素质量的提升，文化服务部门内剩余劳动力回流至文化制造部门，进而提升了文化制造部门的技术增长和技术溢出效应，促进文化产业整体效率进步，文化资源对文化产业 TFP 表现出"资源恩赐"的作用。

根据比较静态分析结果可以看出，文化资源对文化产业 TFP 存在重要影响，其中要素配置效率是文化资源发挥"资源诅咒"和"资源恩赐"作用的关键，故本书提出如下假设。

假设 1：文化资源对文化产业 TFP 具有非线性影响，在不同阶段，文化资源将表现为"资源诅咒"或"资源恩赐"。

3.2 文化资源、文化人力资本变动与文化产业 TFP

3.2.1 文化资源与文化人力资本变动

虽然文化资源与知识技术一样，被视为文化产业发展的关键要素，但在实际中，文化资源概念抽象且含义广泛，文化资本理论认为文化资源必须转化为经济价值形态的文化生产和服务活动，形成经济学意义的产业资本才能促进文化产业发展，提升文化产业 TFP。在文化资本理论中，嵌入个体身体的技能、精神和习性是身体化形态的第一类文化资本，是非物质文化资源转化为身体化状态的默会知识；由身体化资本所创造的第二类实物文化资本，是物质文化资源转化为人类知识显性可视的部分；第三类体制化的文化资本，其本质是社会制度对第一类文化资本的制度化保障。显然，文化资本与个体活动密不可分，是附着于人力资本的专用性文化资料，故布迪厄认为，社会学中文化资本的概念与经济学中人力资本的概念基本等同，人力资本是社会学领域文化资本的经济化表象。

文化资源转化为文化资本的首要条件是体现文化的价值，这蕴含了文化的人文属性、发展价值的社会效益（王广振和曹晋彰，2017）。因此，将文化资源转化为文化人力资本的过程本质就是释放文化资源的经济价值和文化价值的过程。文化人力资本是文化产业的核心要素，具有专业化、年轻化、工作无规律和收入分配高度倾斜等特征，在创造性和艺术性较强的文化部门，文化人力资本更依赖精神文化资源，其生产过程存在一定的偶然性、风险性和不稳定性。同时，文化工作者自主创作的产品需要被大众市场认可才能获得经济效益，而这种社会性联系一方面约束了独立文化艺术活动，另一方面可能加剧文化资源经济价值和文化价值的矛盾。因此，文化工作者除了为追求艺术目的，频繁地在部门和区域间流动，引致文化资源向文化资本转化以外，其创作必然受政府干预和市场需求影响，以解决文化创意和商业目标的矛盾，进而影响文化资源经济价值和文化价值的释放。

文化资源的文化价值主要体现在公共文化资源水平上，随着文化场景理论的出现，文化经济学家认为，文化场景资源也属于文化资源的一种，例如获得教育、传播知识的公共空间（陈波和侯雪言，2017；臧航达和寇垠，2021）。崔等（Choi et al.，2018）认为，家庭教育和学校培训是文化资本形成的两个关键阶段，个体可以通过文化设施资源、文化信息化资源等公共文化资源，继承和掌握文化技艺和知识，将物质和非物质形态的文化资源转化为具有文化技能和经验的文化人力资本。此外，殷为华等（2022）认为，文化资源产业化的经济价值需要通过市场化体现，对文化资源进行市场化运作、开发和经营，可以有效地吸引劳动力、物质资本和技术流入文化部门，普通劳动力进入文化部门通过再教育和学习，又进一步将文化资源转化为技能型人力资本，实现文化人力资本动态的循环再生。

3.2.2 文化人力资本变动对文化产业 TFP 的影响分析

文化产业是依赖创意的智力密集型产业，其人力资本具有一定的专用性，主要在产业内部和行业间实现流动和积累。本节通过建立包含两个文化企业人力资本的生产效率模型，分析文化人力资本变动对文化产业 TFP 的影响。模型中两个文化企业分别用 $i = A$、B 表示，假定其中一个文化企业人力资本规模较高为 L^A，另一个文化企业人力资本规模较低为 L^B，满足 $L^A > L^B$，文化部门内人力资本可以自由流动。假设文化人力资本是文化企业唯一可变的经济生产要素，物质资本 K 属于外生变量，则生产函数可以表示为：

$$Y = F(\overline{K}, \ L) \tag{3-25}$$

其中，Y 表示企业产出，$F(\cdot)$ 为文化企业包含物质资本和文化人力资本的生产函数。假设文化人力资本价格 $\omega_L(L)$ 是单调递减函数，即人力资本供给越多，价格越低。文化产品市场处于完全竞争，产品价格 p 由均衡市场决定，资本价格为 $\omega_k(K)$，则文化企业利润函数可以表示为：

$$\pi = pY - \omega_L(L)L - \omega_K(K)K \tag{3-26}$$

假设两个文化企业合作生产，则文化部门利润最大化方程可以表示为：

$$\max \pi = \overline{p}Y - \omega_L^A(L^A)L^A - \omega_L^B(L^B)L^B - \omega_K^A(K^A)K^A - \omega_K^B(K^B)K^B \tag{3-27}$$

在完全竞争市场上，两个企业文化产品价格都为 $\overline{p}$ 值，假定 A 和 B 文化企业人力资本供给规模存在差异，因此人力资本价格存在 $\omega_L^A(L^A) < \omega_L^B(L^B)$。针对式（3-27），依据文化部门实现利润最大化的条件，在均衡价格下，可以进一步推导得到：

$$\frac{\omega_L^A(L^A)\left[\omega_L^A(L^A)\partial L^A+L^A\partial\omega_L^A(L^A)\right]}{\omega_L^A(L^A)\partial L^A\dfrac{\partial Y}{\partial L^A}}=\frac{\omega_L^B(L^B)\left[\omega_L^B(L^B)\partial L^B+L^B\partial\omega_L^B(L^B)\right]}{\omega_L^B(L^B)\partial L^B\dfrac{\partial Y}{\partial L^B}}$$

$$(3-28)$$

其中，$\dfrac{\partial Y}{\partial L^A}$ 和 $\dfrac{\partial Y}{\partial L^B}$ 分别表示 A 和 B 文化企业人力资本要素的边际产出水平，

$\dfrac{L^A}{\omega_L^A(L^A)}\dfrac{\partial\omega_L^A(L^A)}{\partial L^A}$ 为 A 文化企业文化人力资本投入对人力资本价格弹性的倒数

$\dfrac{1}{\varepsilon_{L^A\omega_L^A}}$，$B$ 文化企业人力资本投入对人力资本价格弹性的倒数也可以表示为 $\dfrac{1}{\varepsilon_{L^B\omega_L^B}}$。

将 A 和 B 企业的价格弹性代入式（3-28）：

$$\frac{\omega_L^A(L^A)(\varepsilon_{L^A\omega_L^A}+1)}{\varepsilon_{L^A\omega_L^A}\dfrac{\partial Y}{\partial L^A}}=\frac{\omega_L^B(L^B)(\varepsilon_{L^B\omega_L^B}+1)}{\varepsilon_{L^B\omega_L^B}\dfrac{\partial Y}{\partial L^B}}$$

$$(3-29)$$

由于人力资本价格函数 $\omega_L^i(L^i)$ 满足 $\dfrac{\partial\omega_L^i(L^i)}{\partial L^i}<0$ 的条件，因此，可以

用人力资本价格函数的变化反映文化人力资本企业间的变动。假设 $L^A>L^B$，

$\omega_L^A(L^A)<\omega_L^B(L^B)$，所以，实现文化部门总体效率最大化的均衡条件是：

$$\frac{(\varepsilon_{L^A\omega_L^A}+1)}{\varepsilon_{L^A\omega_L^A}\dfrac{\partial Y}{\partial L^A}}>\frac{(\varepsilon_{L^B\omega_L^B}+1)}{\varepsilon_{L^B\omega_L^B}\dfrac{\partial Y}{\partial L^B}}$$

$$(3-30)$$

结合式（3-29）和式（3-30）可以看出，文化人力资本变动可以促进部门效率的提升，并且受到人力资本价格弹性和边际生产能力的影响。具体表现为：人力资本从价格供给弹性低的文化企业流入弹性高的企业，从边际人力资本生产能力低的传统文化企业流入边际生产能力高的新兴文化企业。

文化人力资本的一个显著特点是偏向选择不同的工作环境来增强灵感，或者获得多样化的创新经验（Cho，2018）。随着文化产业组织向复合型的专业化组织转变（Ryan & Bill，2010），人力资本的创作自主权更为宽松，流动

性更强。结合数理模型分析，可以看出，随着文化人力资本的变动，必然加剧文化创意知识在文化产业内和企业间的扩散，推动文化"符号生产"过程去中心化，改变文化产业组织的生产关系，进而影响文化要素的配置结构和文化产业 TFP 水平。

3.2.3 文化人力资本变动机制中政府支持的调节作用分析

第 3.1 节数理模型表明，政府支持水平与文化资源和文化产业 TFP 存在一定关系。具体来看，政府支持首先可以通过提高文化领域的教育经费，增加个体文化培训和学习的机会，促进文化资源转化为文化人力资本。随着人力资本的不断积累，文化人力资本市场中供给不足和边际价值扭曲的问题得以缓解，帮助文化部门维持稳定的生产要素配置结构。其次，政府支持通过制定"保护—开发"文化资源的政策制度，对文化领域进行体制改革，释放文化资源对资本市场的吸引力，降低文化资本的市场门槛，促进专业人力资本在部门间的流动。新人力资本理论认为，能力（认知和非认知技能）、技能（教育或在职培训）以及健康（身体健康和心理健康）是人力资本的主要构成要素（李晓曼和曾湘泉，2012），其中能力禀赋受外在环境和遗传基因的共同影响和控制，可以经后天培养（Hanushek，2010）。因此，政府融合社会文化资源和公共文化资源，可以为文化人力资本提供外在的培养环境，提升文化资源的多样性和辐射能力，通过吸引普通劳动力进入文化部门，推动文化资源形成具有文化创作能力禀赋的人力资本，进而影响文化产业 TFP 水平。

政府支持调节作用的另一个表现是通过向文化企业提供补贴，提高文化部门的人力资本预算约束，进而提升文化部门对文化人力资本的需求，促进文化人力资本变动。如图 3-1 所示，假设开放文化市场下存在文化服务部门、一般服务业部门和文化制造部门，文化服务部门是资源型部门，产品价格同时受到文化市场内外供求和产品价格的影响。各部门都仅投入物质资本和人力资本两种生产要素，且生产要素可以自由流动，具有完全弹性。所有产品完全同质，最终产品都只用于文化消费。三个部门人力资本 L 的需求均为工资 W 的单调递减函数；W 是部门产品价格 P 的单调递增函数，可表示为：$L = f[g(P)]$。文化服务部门获得的政府补助总额是 G，用于人力资本 L 的单位政府补助是 g，O_T 向右是包含文化服务部门和一般服务业的人力资本数量，O_M 向左是文化制造部门雇佣的人力资本数量，O_M 和 O_T 之和是三部门人力资本总供给量。在初始阶段，文化服务部门没有接受政府支持，文化制造部门、文化服务部门和一般服务业部门的人力资本需求曲线分别是 L_M、L_T 和 L_S，其中，L_S 和 L_T 之间的距离是文化服务部门的人力资本需求和 L_W。A 点表示初始均衡状态，名义工资在 w_0。

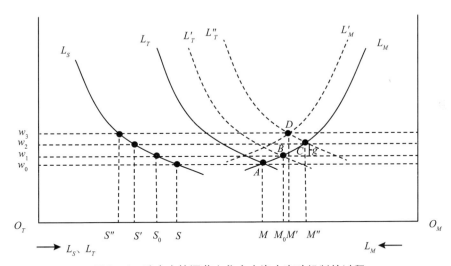

图 3-1 政府支持调节文化人力资本变动机制的过程

随着政府支持的增加，文化资源开发程度提高，文化产业化资源水平提升，政府补贴弥补了一部分文化服务部门的人力资本支出，该部门增加了对人力资本要素的投入，文化服务部门人力资本需求曲线 L_T 右移到 L_T'，工资

水平由 w_0 提高到 w_1，其他部门维持原有的生产水平，文化制造和一般服务业部门的生产和需求函数 L_M 和 L_S 不变，由于政府补助提高了文化服务部门生产约束，平均人力资本工资价格增加 g，人力资本需求曲线继续向右移动到 L_T''，新的人力资本市场均衡点为 C，工资水平是 w_2。至此，文化制造部门人力资本减少 MM''，一般服务业人力资本减少 SS'，其中 M_0M'' 和 S_0S' 是政府支持引致的人力资本变动，文化制造部门和一般服务业部门减少的人力资本均转移至文化服务部门，实现文化服务部门文化人力资本的变动。由于文化服务部门对技术中介具有极强的吸附能力，且文化资源要素化过程具有一定的进入壁垒和垄断性，繁荣的文化服务部门可以吸收文化制造和其他部门的技术外溢，但难以向部门外实现逆向的知识扩散。在文化人力资本自由流动的前提下，高工资水平不仅帮助文化服务部门吸引其他部门的人力资本，还将一部分技能型文化资本锁定在文化服务部门内，这增加了该部门对文化制造及一般服务部门生产效率的相对优势。政府为避免文化制造部门进一步萎缩，开始收紧对文化服务部门的政府支持，增加税收查处力度，甚至出台限薪令，文化制造部门产品价格上涨导致人力资本边际产出提高，人力资本需求曲线 L_M 向左移动到 L_M'，人力资本市场新的均衡点移动到 D 点，均衡工资上升到 w_3，文化制造部门人力资本增加 $M'M''$，此时，文化服务部门和一般服务部门人力资本又流向文化制造部门。

综合以上理论和数理模型分析，可以看出文化资源会引致文化人力资本在文化产业内和产业间的流动，进而引致文化产业 TFP 的变化。在文化产业资源转化过程中，政府通过补贴、税收政策、改善外部环境等手段干预文化人力资本的变动，影响文化产业 TFP 水平。

据此，本书提出如下假设。

假设2：文化资源通过文化人力资本变动影响文化产业 TFP，且政府支持在影响过程中存在调节作用。

文化人力资本变动机制的作用机理如图 3-2 所示。

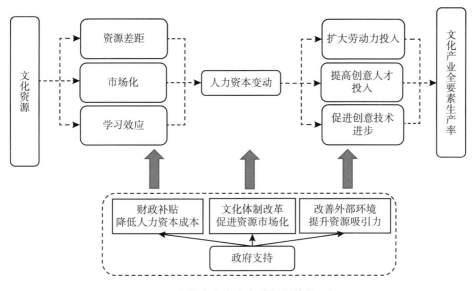

图 3 - 2 文化人力资本变动机制的作用机理

3.3 文化资源、文化企业集群与文化产业 TFP

3.3.1 文化资源与文化企业集群的形成

文化资源影响文化产业 TFP 的另一个重要表现是转化为经济资本。资源基础理论认为，企业是经济资本的重要体现，是由各种生产资源组成的集合（Penrose，1959）。资源禀赋是经济资本流入的首要条件，丰裕的初始资源有助于将文化企业锁定在成长路径上，抵御市场风险。由于技术中介在文化领域的广泛使用，文化内容生产呈现去中心化的趋势，独立文化创作机构和小规模文化公司正在成为文化产业重要的组成部分，与集团化文化公司相比，小微文化企业的创新潜力、文化作品品质更加优秀（赫斯蒙德夫，2016），但中小企业内部资源禀赋相对较低，其生产活动更加依赖于外部资源的获取（姚先国等，2008），需要嵌入企业网络组织中，以获得互补性资源和竞争优势。胡慧源和李叶（2022）认为，与其他产业相比，文化产业往往集中在特定的地点，形成专业化的生产网络空间。要实现文化创意创新活动向集群和关联的方向发展，就需要通过释放强大的创新网络效应和外部经济。

在 VRIO 分析中，资源具有价值性（valuable）、稀缺性（rare）和不可复制性（inimitable），文化企业仅识别出外部资源优势，还不能提高企业的绩效，需要对资源进行组织（organization）利用，才能体现文化资源的经济价值。韦恩哈登等（Wijngaarden et al.，2020）认为，隐性知识具有黏滞性和区域性，流动性较差，是非集群企业无法获得的企业集群内部的"专属"资源，也是集群企业维持竞争优势的来源（Madhok et al.，2016）。因此，那些具有稀缺性的不可再生文化资源可以为企业带来"资源租"，通过形成文化企业网络占据企业集群环境中特殊的战略性资源，来提高应对外部环境变化的能力。

此外，文化资源的意识价值可以赋予文化产品精神内核，形成独一无二的文化价值，帮助文化企业形成地理声誉，改善企业绩效，解决文化创意生产和商业价值之间的矛盾。当文化资源与资本、劳动力等生产要素结合后，会形成超越其他区域的超额地理租金和具有比较优势的文化企业集群品牌，持续吸引区域外生产要素集聚。在品牌集群内，空间相似性还增进了文化企业间的距离，提高了非物质文化资源的传递和获取效率，也使集群企业更容易获得和分享新的外部资源，进而吸引更多的文化企业。文化资源市场化同样可以推动文化经济资本的形成和聚集，由于一部分文化资源是社会属性的公共资源，一方面，调整和利用文化资源管理机制，可以重新配置文化资源和文化市场主体，通过向市场开放文化资源领域，吸引社会资金进入，形成文化经济资本；另一方面，文化资源无法脱离政府严格的监管，产业化过程不能完全由市场属性来决定，因此文化企业集群内的非正式网络，还有助于文化企业家通过非正式交往和渠道获得文化资源相关政策的信息。

3.3.2 文化企业集群对文化产业 TFP 的影响分析

马歇尔外部性理论认为，集聚对经济增长存在两个作用路径：一是借助"学习效应"和人力资本素质的提升，实现知识外溢及资源重置，进而促进技术进步；二是改善要素供给不足，通过促进产业规模化，形成关联产业和产业链，提高文化部门产出水平。波特（Porter，1990）在外部性理论基础上解释了为什么来自同一产业的公司倾向于在同一个国家或地区聚集，以获得比较优势。在此基础上，衍生出企业集群和商业集群的概念，20 世纪 90 年代末，英国工党将创意产业战略纳入"地区"层面，进一步提出文化创意集群的核心概念。这种"文化区"被认为比马歇尔式的"知识和技术集群"具有更强的磁效应（Evans，2004）。大量研究表明，集聚存在两种类型：一是空间集聚；二是功能集群（Montgomery，2003；Rosenfeld，2004）。空间集聚只有文化产业活动的简单地理协同，没有实质性的相互联系、区位优势和附加值。功能集聚中企业和租户之间有丰富的相互联系，且这种联系可以帮助企业改善业绩，吸引具有创造性思维的人才集聚（Scott，2004；Montgomery et al.，1993；Hall，2000；Blau，1992）。格鲁（Grewe，1996）和普尔维斯（Purvis，2017）认为，文化产业部门依赖并通过网络连接。因此，具有网络属性的功能性集群比空间性集群更适合文化产业，且功能性集群并被用作一种政策工具（Scott，1988）。奥德斯和费尔德曼（Audretsch & Feldman，2004）认为，空间集聚有利于产业间的知识溢出和共享。创造性集群的知识"黏性"是推进经济发展的关键动力（Comunian et al.，2019）。文化创意功能区通过构建要素"蓄水池"，一方面，形成劳动力密集区，有助于减少文化企业和劳动者双方的匹配成本，提高资源重置效率，增加文化创作时间，推动技术外溢和 TFP 进步；另一方面，文化内容生产者聚集在一起，有利于纵向维度传递知识，提高创作者的共创效率，缩短创意周期。集群内的核心企业可以将资源与合作企业资源结合，增强核心企业的资源基础，提高选择性配置资源的能力，提升 TFP 水平（Ye et al.，2021）。

文化企业集群对文化产业 TFP 的关联性影响表现在，一是文化企业集群和上下游主体形成纵向关联。首先，嵌入文化生产网络中，集群企业与上下游企业能够形成最优信任关系（Powell et al.，1996），如在信息技术、创意设计、文化内容生产、创意销售等环节上长期相互匹配，达成相互信赖，进而形成文化产业链和企业网络，提高文化产业 TFP。其次，文化企业集群网络有助于信息传递，企业集群环境中存在大量的文化创作者、文化产品供应商和文化消费者，空间集聚可以缩短集群内文化企业与文化主体间的反馈互动时间，提高企业的生产效率和绩效水平，功能集群也可以为文化企业生产者和销售者提供展示推介的机会和平台，减少文化消费者搜寻成本。此外，具有地理标识的文化集群品牌，可以向集群企业提供信誉背书，提高文化企业融资担保信用，丰富的企业信息减少了信贷双方的信息摩擦，缓解了文化企业的融资约束和资金成本，进而促进文化产业 TFP 的提升。二是文化企业集群内不同文化企业形成明显的创意知识共享和技术关联。张润东等（2021）认为，建立在产业分工与协作基础上的企业集群，形成了社会合作信任关系，增进了集群互惠文化的培养，减少了知识共享的障碍，因此构建了知识价值链。集群的规模效应进一步提高了创新扩散的速度（Pawlyszyn et al.，2020），不同文化企业集聚在一起，可以促进文化企业分享市场信息、文化创意方向和文化知识，缩小行业内数字技术鸿沟，提高文化产业技术效率和技术进步效率，进而推动 TFP 水平。三是文化集群企业、制造业以及其他服务业之间可以形成横向的投入产出关联，一方面可以扩大消费市场，带动交通运输、金融业和教育等相关的配套产业的发展，另一方面文化企业可以为制造业提供创意支持，制造业企业也可以向文化企业实现技术溢出和生产支持，实现区域产业价值链的重构，提高文化产业 TFP。

3.3.3 文化企业集群机制中政府支持的调节作用分析

文化资源具备一定的社会属性，政府持有并控制了部分公共文化资源，因此政府行为会显著干预文化资源的分配，以及文化企业集群的形成，进而影响文化产业全要素生产率。首先，政府对文化资源宏观层面的导向性支持，即对文化资源产业化的态度和发展方向的判断，取决于经济的发展模式和政府在社会效益和经济效益之间的选择。政府通过制定文化资源保护利用条例，明确文化资源所有权人和使用权人，通过宣示性条款强调文化资源的重要意义，提高社会对传统文化资源的重视，影响文化资源对资本和劳动力的转移效应，稳定文化产业要素配置结构。直接的政府补贴还可以用于弥补传统文化资源数字化转型的经济成本，缩小文化企业间的数字差距，促进文化资源对文化产业 TFP 的恩赐作用。但是，政府对文化资源的保护性支持也可能存在负向影响，加剧文化产业发展的"资源诅咒"问题。一方面，受制于保护自然环境和历史遗迹的社会责任，政府对文化资源的保护政策，在一定程度上会阻碍社会文化资源和公共文化资源的融合，产生"绿色资源悖论"效应，增加政府文化事业费支出，拖累文化产业发展；另一方面，拥有丰富的文化资源，可能会造成类似"靠山吃山、靠水吃水"的惰性，政府忽视对文化资源更新和转型的支持，过度停留在对历史文化以及自然资源的挖掘，依赖传统文化资源会提高产业结构的转型成本（李婉红和李娜，2021），增加资源禀赋带来的风险成本和沉淀成本，降低文化产业技术进步效率。

其次，政府支持通过"信号传递"效应，可以帮助文化市场甄别文化产业发展趋势，降低企业搜寻文化资源要素的初始成本，促进企业经济资本不断集聚于文化领域，形成企业集群。政府实施的优惠政策和资金补助，会形成超额的政策租金，当文化资源与生产要素组合后，还会形成超额资源租金，文化企业为了将稀缺的文化资源"收入囊中"，同时获得政策租和资源租，向文化部门和地区汇集，最终形成文化企业集群。随着文化资源不断转化为经济资本，文化企业集群的规模效应和极化效应得以提高，企业交易成本下降，文化产业 TFP 实现进步。在文化资源转型过程中，资源信息化还受到基础资源的限制，因此政府对文化市场进行体制改革，可以释放文化资源社会价值，发挥社会文化资源和公共文化资源对文化产业的共促作用，缩小产业内传统文化行业和新型文创行业的效率差距。然而，基于信息不对称理论，政府与文化市场获得信息的渠道不同，对市场信息的占有量也存在差异，政府不能"完美"地预判文化产业的发展趋势，导致政府无法有效甄别文化企业，可能错误支持了寻租企业，抑制了文化产业 TFP 水平。另外，政府对文化信息化资源的关注和支持，将促进文化数字技术在文化企业间的广泛使用，这可能会降低文化产品复制盗版的技术门槛，产生大量的模仿型企业，导致文化企业的负向集聚，进而挤出核心原创型文化企业，拉低文化产业整体效率水平。

最后，从政府支持的变化过程来看，政府早期的选择支持可能引发"马太效应"（Antonelli & Crespi，2013）。由于政府对文化资源分配存在惯性，在未知领域上，政府倾向于以声誉代表项目质量，将政府支持给予过去已经获得过补贴的文化功能集群或者公认的大型机构，而忽视了真正需要保护的文化资源和具有创新潜力的文化区。这种遴选机制的偏差，会造成政府支持和文化企业集群的错配，形成负向的"马太效应"，弱化文化资源对产业发展的正向影响，降低文化产业 TFP。但是，文化产业属于知识密集型产业，文化经济学家认为过去的知识和技术的累积，可以提高现在的生产绩效，这意味着政府支持推动文化企业集群发展的经验累积到一定程度后，政府支持将对文化产业 TFP 形成正向促进效应。随着政府支持的持续增加以及文化资源水平提高，出于对政府支持绩效的考量，政府会对支持项目进行动态调整，不断完善政府支持的选择分配机制。当政府支持增加到一定水平后，日渐增强的"信号效应"和对文化企业集群的管理经验，会提高要素市场对文化产业发展方向的判断，促进生产要素流入文化企业集群，进而提高文化产业的 TFP。

综上所述，本书得到如下假设。

假设 3：文化资源通过文化企业集群影响文化产业 TFP，且政府支持在影响过程中存在调节作用。

文化企业集群机制的作用机理如图 3 - 3 所示。

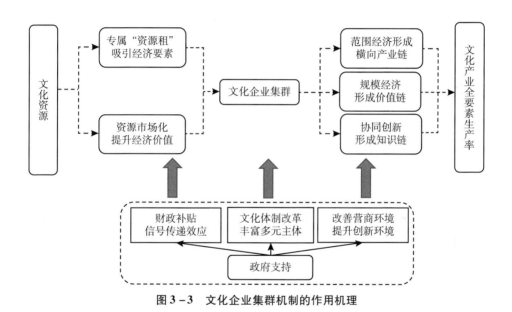

图 3 - 3 文化企业集群机制的作用机理

3.4 文化资源对文化产业 TFP 影响的空间溢出效应分析

与自然资源相比，文化资源与人类文明活动轨迹高度吻合，是根植于当地社会文化生活的资源，其形成过程具有很强的空间依赖性和时间延展性。文化资源对文化产业 TFP 的空间效应可以表现为引致周边地区实现"竞争——

合作"和"集聚—扩散",并最终影响区域文化产业的发展方向和效率。

布兰登勃格（Brandenburger）和内勒巴夫（Nalebuff）在《合作竞争》一书中首次提出"竞合"（co-opetition）的概念，"竞合"原本是指企业间同时存在竞争和合作的状态，是企业经营活动中实现双赢的非零和博弈，竞合理论的主要内涵是企业间竞合关系可以随时间动态变化。文化资源对文化产业 TFP 的空间竞合效应主要表现在地区间因资源争夺和合作导致的产业效率变动。经济全球化和信息共享，使部分文化资源突破了地域隔阂（范周和谭雅静，2020），但由于文化资源具有时空黏滞性，存在着大量文化同源、文化特征相近地区，这些地区文化资源同质化严重，产业发展的资源禀赋优势并不突出，故文化特征邻近地区需要深度挖掘文化资源优势，提升文化产业综合竞争力吸引生产要素的汇集，否则，可能陷入对文化资源的无序竞争。正向的竞争性效应，可以激励地区不断创造和挖掘新的文化资源，推动文化产业发展；负向的竞争性效应，则会造成文化资源浪费，拖累文化产业发展。文化资源的空间协同性则表现为地区间文化资源的协同共促和优势互补，如文化信息化资源和创新资源具有优势的地区，与文化遗产资源和文化旅游资源丰富的地区实现资源整合，构建数字共创开源生态；公共文化资源较为丰裕的地区通过树立价值标杆，向周边区域传递社会价值等，提升文化资源的整体水平，促进文化产业 TFP 进步。地区间文化资源差异较大的地区，通过开展广泛的文化交流合作可以突破地理界限和文化藩篱，推动文化资源的空间溢出，促进区域间文化资源互补。在文化资源互换过程中，文化产业生产要素配置得到改善，文化产业 TFP 实现进步。

文化资源空间溢出的竞合效应是一种动态非线性关系，会随着文化产业 TFP 的不同阶段而发生变化，如图 3 - 4 所示。一是，文化同源和文化资源特征接近的地区以满足自身发展需要，选择近似的文化产业发展方向，为争夺有限的资源和生产要素，出现恶性竞争和过度投资，引致文化产业 TFP 下降，出现"资源诅咒"问题。由于地区文化产业同质化发展和无序竞争导致生产要素成本过高，文化产业 TFP 发展滞后，地区开始探索文化产业差异化发展道路，在传统文化资源的基础上，结合新技术、新开发模式，向创新资源发展，推动文化产业技术效率进步，进而提高产业 TFP。二是，经济水平存在差异的地区，文化资源的利用效率也存在一定距离。为了实现经济上的追赶超越，地区在选择文化产业发展和资源再生方向时，倾向于参照和模仿经济水平优势地区的经验，这种忽略本地区文化资源条件，以经济竞争为导向的文化资源开发模式，会陷入文化资源的"开发陷阱"，导致"资源诅咒"问题。随着地区间经济发展意识的转变，不同地区开始寻求合作共赢的文化产业协同发展模式，将追求地方经济发展的竞争型模式转变为区域利益协调发展模式，或将经济发展目标转向宏观文化体系建设。通过确定文化市场的"领导者"和"跟随者"，构建有序的竞争合作关系，最终促进文化产业资源要素的合理分配，实现文化产业 TFP 的发展。

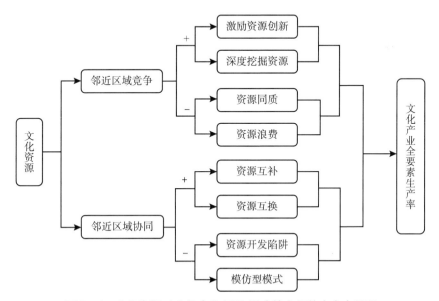

图 3-4　文化资源对文化产业 TFP 影响的空间效应竞合机理

由于文化资源的形成与人类活动密不可分，因此文化资源的空间分布还具有显著的地缘特征，呈现"集聚—扩散"的特点，如图3-5所示。格莱泽和沙因肯（Glaeser & Scheinkinan, 1992）、贾菲等（Jaffe et al., 1993）研究发现，知识外溢具有地方性，知识外溢的程度受到空间距离的影响。人类早期迁徙主要受自然环境的影响，沿河谷平原聚落而居，因此形成点带状的文明分布和文化资源聚集，如两河文明、黄河流域文明、印度河文明等，随着战争、文化交流和贸易的需要，文明得到传播和扩散，依存于此的文化资源也实现外溢，在文明交会的节点，由于文化的长期交融，会凝聚产生新的文化区域和文化资源，如古丝绸之路文化带上的西域文化、敦煌文化等，便是融合了东西方文明的多元开放文化，形成了有别于中原核心区域传统文化审美的文化资源。在现代社会，一方面，承袭历史文化资源的积淀和分布，文化凝聚力促使文化资源在具有圈层特性的文化"核心区域—次级区域—边缘区域"内流动，在区域间实现交流；另一方面，不同地区间经济发展水平存在差异，导致劳动力、资本、技术等生产要素向经济效率高的地区流动，依附于人类活动的隐性知识和文化资源随即而动，在地区间实现传播扩散。

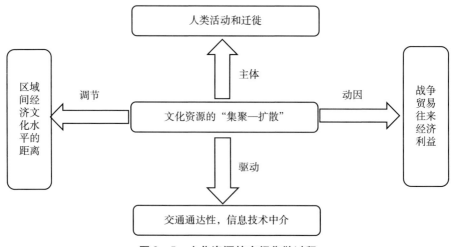

图3-5　文化资源的空间集散过程

现今，以经济利益和市场占有率为主要驱动力的文化资源扩散，不再依附于人类迁徙的传播路径，在信息技术中介的帮助下，隐性非物质文化资源可以突破地理距离界限和形态束缚，实现快速传播，扩展并挤压其他地区文化资源的空间占有率，进而影响相邻地区文化产业的发展。总体来讲，早期文化资源"集聚—扩散"的半径受地理距离和文化距离影响，随着交通设施和信息技术的广泛使用，文化资源的传播主要受经济和社会制度的干预，资源形态也逐步兼容非物质文化遗产资源。

文化资源空间效应的"集聚—扩散"机制还存在异质性转化过程。在文化资源核心区，丰饶的文化资源和历史积淀会引致大量生产要素和文化企业汇集，形成规模效应，降低生产成本，提高文化产业 TFP。然而，文化向心力会吸引边缘区域资源逐步向核心区域聚集，导致核心区文化资源过于强势，主体文化会挤压多元文化的生存空间。文化市场围绕主体文化资源进行生产加工，会降低地区文化的包容性和创新能力，最终，闭塞的文化空间导致文化核心区塌陷，形成文化"资源诅咒"，降低文化产业 TFP 水平。同时，经济发展水平较高的地区，文化资源的融合再生能力更强，善于利用他国文化资源包装成文化产品，逆向扩散至文化资源母国，挤占文化核心区文化资源的空间份额，降低文化母国文化产业效率。随着本地区文化产业发展水平持续走低，为保护地方文化资源免受外来文化入侵，政府会执行文化保护主义政策，构建文化市场门槛，形成以非物质资源为载体的国家地理文化标识体系，避免邻近地区对本地文化资源的抢夺和抄袭借鉴，进而改善本地文化产业 TFP 水平。

基于以上分析，本书提出如下假设。

假设 4：文化资源对文化产业 TFP 的影响存在空间溢出效应。

3.5 理论框架

综上所述，根据理论分析和模型构建，基于文化资源特质，建立本书研究文化资源影响文化产业 TFP 的理论框架，如图 3-6 所示。

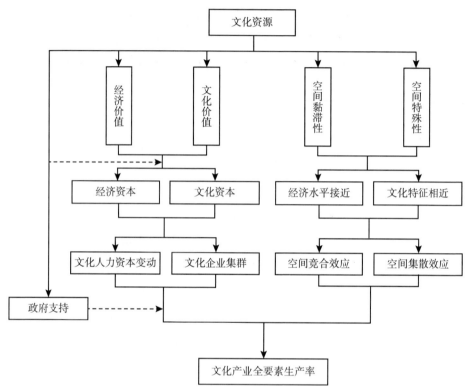

图 3-6　文化资源对文化产业 TFP 影响研究的理论框架

3.6　本章小结

本章扩展并建立了文化资源对文化产业 TFP 影响的数理模型，在此基础上，结合经济学理论和社会学理论构建了包含政府支持的文化人力资本变动和文化企业集群机制理论模型，探讨了文化资源通过文化人力资本变动和文化企业集群的中介传导过程。进一步使用"竞合"理论分析了文化资源对文化产业 TFP 影响的空间溢出效应机制。

（1）数理模型表明，文化资源对文化产业 TFP 的影响是非线性的，在文化资源的不同阶段，其对文化产业 TFP 的影响表现为"资源诅咒"或"资源恩赐"，关键取决于文化服务部门生产要素替代弹性与规模报酬率之间的大小。当文化服务部门的生产要素配置效率 ξ 低于规模报酬 ω 时，文化资源和实际利率、文化产业 TFP 呈反向关系。当文化服务部门的配置效率 ξ 高于规模报酬 ω 水平时，文化资源和文化产业 TFP 呈正向关系。在其他条件不变的情况下，政府支持有利于提升文化服务部门物质资本积累水平和劳动力份额，但是会降低实际利率和文化产业 TFP 水平。

（2）基于文化资源对文化产业 TFP 影响的理论模型，首先，结合资源禀赋理论和文化资本理论，借鉴松山（Matsuyama，1992）的"荷兰病"修正模型方法和企业间文化人力资本变动模型，分析了文化资源通过文化人力资本变动影响文化产业 TFP 的路径机制。其次，结合资源基础理论和马歇尔外部性理论，探讨了文化资源通过文化企业集群影响文化产业 TFP 的路径机制。进一步，基于文化资源的社会属性和形成过程的空间黏滞性，结合政府管制理论和文化经济地理"竞合"理论，分析了文化资源影响文化产业 TFP 机制过程中政府支持的调节作用，以及文化资源影响文化产业 TFP 的空间溢出效应。建立了较为系统的理论分析框架，并提出了相关研究假设。

（3）本章结合数理模型和理论分析，系统梳理了文化资源对文化产业 TFP 的影响机制和效应，提出如下假设，以待后文验证。

假设 1：文化资源对文化产业 TFP 具有非线性影响，在不同阶段，文化资源将表现为"资源诅咒"或"资源恩赐"。

假设 2：文化资源通过文化人力资本变动影响文化产业 TFP，且政府支持在影响过程中存在调节作用。

假设 3：文化资源通过文化企业集群影响文化产业 TFP，且政府支持在影响过程中存在调节作用。

假设 4：文化资源对文化产业 TFP 的影响存在空间溢出效应。

第 4 章

文化资源和文化产业 TFP 的
测度及特征分析

文化资源是文化产业发展的基本条件，对文化资源的辨别是文化产业研究的逻辑起点和关键环节（向勇，2015）。文化产业 TFP 则是全面衡量一单位总投入带来多少总产出的生产率指标，可以较为科学且真实地评价文化产业整体经济效益。因此，科学测度文化资源和文化产业 TFP 水平，明晰两者的现状特征是探究文化资源影响文化产业 TFP 的基础。本章将基于现代文化产业的特点，构建较为综合性的文化资源指标体系，对文化资源水平进行合理评估，对不同区域文化资源的构成进行分析；选择相对最优的 TFP 测算方法，计算文化产业 TFP 水平，在此基础上，探讨我国文化产业 TFP 的增长动力和演化特征，为后面实证研究提供依据。

4.1 文化资源的测度及现实特征

文化资源的形成和发展本质是区域文化的积累和演化过程,我国有五千年的文明历史,从形而上的角度来看,包括哲学思想和文化艺术等具有精神内涵的价值观念和思想意识。从形而下的角度来看,我国地域辽阔,民风习俗多样,长期的民族融合形成了复杂多样的文化种类和文化艺术,如语言、饮食、园林、建筑造型、服饰、器具等,这使得传统文化资源具有一定的区域异质性。随着信息技术与文化产业的深度融合,文化资源开始向信息化资源和创新资源延伸,产生了图片、音像、广播等信息数据形式的文化资源,这无疑改变了传统文化资源的空间分布和区位特征。因此,构建符合现代文化产业发展需求的文化资源指标体系,准确测度现代文化资源水平,对探究文化资源与文化产业 TFP 的关系极为重要。

4.1.1 文化资源指标体系的构建

构建指标体系的原则一般是:科学性、系统性和可操作性。科学性要求评估指标及其相应的计算方法、各项数据,做到标准化、规范化和科学化。系统性要求指标体系能够全面反映测算目标的基本特征,指标之间既相互独立又相互联系。可操作性要求各指标易于量化,所需数据易于获取,计算方法易于实践。目前,测度文化资源的方法主要是基于旅游业的发展需求,对文化物质资源和非物质文化遗产资源,从文化旅游资源开发价值、文化资源丰富程度等角度测度文化资源水平(见表 4 – 1)。

表4-1   测度文化资源的代表性指标、方法和数据来源

测算目标	作者	构建维度	指标权重方法	数据来源
海洋文化资源价值	高乐华和刘洋（2017）	观赏价值 教育价值 体验价值 服务价值	BP神经网络法	专家评分
文化资源丰度	程晓丽和史杜芳（2017）	世界文化遗产、世界文化遗产预备清单等18种文化文物遗产资源	模糊评价法	国家统计局、国家文物局、国家旅游局及示范区各地市旅游官网
区域文化资源丰裕度	胡小海和黄震方（2017）	文化资源丰度 文化资源类型 文化资源等级 文化资源组合	层次分析法	专家评分
文化旅游资源禀赋	马斌斌（2020）	历史文物类资源 复合型旅游资源 文化类旅游资源 自然类旅游资源	熵权法客观赋权结合主观方法修正	《中国统计年鉴》《中国旅游年鉴》《中国文化文物统计年鉴》及国家地质公园网站、国家自然保护区网站等
文化资源禀赋	孙剑锋等（2019）	文化资源丰度和优质文化资源，包括：文物保护单位、各类非物质文化遗产、博物馆、展览馆等	BP神经网络法	区域统计年鉴

　　由于旅游业是以主观体验为主的情境活动，其体验对象是具有物质载体的自然、历史遗迹。因此，从资源价值角度评价的指标体系多数是从个体观赏、体验和服务等维度进行构建，这类数据主要来源于专家评分和调研，评价方法较为主观。以资源丰裕角度评价的指标体系则多数采用文物数量、文化遗产数量等可量化的指标，这虽然克服了人为打分的主观性，但是研究对象更为单一。与旅游业不同，文化产业同时包括文化服务业和文化制造业，从资源形态上来讲，文化生产所需要的文化资源既有为生产提供创作素材、提升文化产品独特性和内涵价值的非物质资源，也有为消费提供文化基础设施、提高文化市场规模和文化消费水平的物质资源。从资源性质上来讲，文

化资源还包括具有经济价值的社会性文化资源和具有文化价值的公共文化资源。因此，文化产业视角下的文化资源与旅游业所涉及的文化资源既存在共性也存在特性。因此，本书根据《文化及相关产业指标体系框架》，立足于现代文化产业发展现状，遵循科学性、系统性、操作性的原则，将文化创新资源，以及与文化产业相关的信息化资源纳入文化资源范畴，构建包含文化创新资源、文化旅游资源、文化设施资源、文化遗产资源和文化信息化资源五个维度的文化资源指标体系（见表4-2），采用客观可量化的数据测算现代文化产业面临的文化资源水平。

表4-2　　　文化资源指标体系（包含物质资源和非物质资源形态）

一级指标	二级指标	单位	方向	数据来源
文化创新资源	文化多样性	—	+	CSMAR 数据库
	文化部门教育机构在校生人数	人	+	《中国文化及相关产业统计年鉴》
	文化艺术科研机构数量	个	+	
	全年电视和广播节目创作时长	小时	+	
	音像制品和电子出版物种类	种	+	
文化旅游资源	各地区 A 级旅游景区	个	+	《中国文化文物和旅游统计年鉴》等
	各地区星级饭店机构	个	+	
	各地区拥有的套房数	间	+	
	各地区拥有的酒店床位数	个	+	
文化设施资源	按年份各地区人均拥有公共图书馆藏量	册（件）	+	《中国文化文物和旅游统计年鉴》等
	按年份各地区每万人拥有群众文化设施建筑面积	平方米/万人	+	
	艺术表演团体座席数	个	+	
	辖区内社区文化活动场所	个	+	
文化遗产资源	非物质文化遗产	项	+	《中国文化文物和旅游统计年鉴》等
	文物藏品	间（套）	+	《中国文化及相关产业统计年鉴》
	博物馆机构数量	个	+	

一级指标	二级指标	单位	方向	数据来源
文化信息化资源	有线广播传输干线网络总长	万公里	+	《中国文化及相关产业统计年鉴》
	互联网宽带接入端口	万	+	
	有电子商务交易活动企业	个	+	

注:"+"表示指标为正向。

4.1.2 文化资源的计算

在计算文化资源水平之前,研究需要对数据进行指标赋权,确定各种指标的权重。目前,确定权重的方法主要是菲尔普斯法、水平分析法、变异系数法和熵值法等。由于熵值法是对实际数据进行计算,可以更加充分地反映指标信息熵的效用价值,故本书采用熵值法来确定指标权重,具体过程如下。

(1) 对原始数据进行标准化处理:

正向指标标准化处理:

$$Z_{i,j} = \left[\frac{z_{i,j} - X_{\min}}{X_{\max} - X_{\min}} \right] \times 0.9 + 0.1 \qquad (4-1)$$

负向指标标准化处理:

$$Z_{i,j} = \left[\frac{X_{\min} - z_{i,j}}{X_{\max} - X_{\min}} \right] \times 0.9 + 0.1 \qquad (4-2)$$

(2) 构建初始指标矩阵:

$$X = (Z_{i,j})_{m \times n} \qquad (4-3)$$

(3) 计算第 j 地区第 i 项指标的比重:

$$p_{i,j} = z_{i,j} / \sum_{j=1}^{m} z_{i,j} \ (i = 1, 2, \cdots, m; j = 1, 2, \cdots, n) \qquad (4-4)$$

(4) 计算第 i 项指标的熵值:

$$e_i = -k \sum_{j}^{m} p_{i,j} \ln p_{i,j}, \ \text{其中}, \ k = 1/\ln m \qquad (4-5)$$

（5）j 指标的差异性系数：

$$d_i = 1 - e_i \qquad (4-6)$$

（6）i 项指标的权重：

$$w_i = d_i / \sum_{i=1}^{n} d_i \qquad (4-7)$$

（7）对各项指标的权重完成赋值后，根据指标所占比重计算各省份的文化资源：

$$Z = \sum p_{i,j} w_j \qquad (4-8)$$

通过以上公式计算得到文化资源指标权重，如表 4-3 所示。

表 4-3　　　　　　　　　　　　文化资源指标权重

指标	文化创新资源					文化旅游资源			
	文化多样性	文化服务部门教育机构在校生人数	文化艺术科研机构数量	全年电视和广播节目创作时长	音像制品和电子出版物种类	各地区A级旅游景区	各地区星级饭店机构	各地区拥有的套房数	各地区拥有的酒店床位数
权重	0.0495	0.0554	0.0548	0.0476	0.0646	0.0582	0.0456	0.0402	0.0417

指标	文化设施资源				文化遗产资源			文化信息化资源		
	按年份各地区人均拥有公共图书馆藏量	按年份各地区每万人拥有群众文化设施建筑面积	艺术表演团体座席数	辖区内社区文化活动场所	非物质文化遗产	文物藏品	博物馆机构数量	有线广播传输干线网络总长	互联网宽带接入端口	有电子商务交易活动企业
权重	0.0602	0.0462	0.0496	0.0603	0.0604	0.0531	0.0482	0.0713	0.0584	0.0346

注：笔者测算整理。

4.1.3　文化资源的结果分析

基于文化资源的测算结果，本书绘制了各省份（除港澳台地区及西藏自治区以外）文化资源的时空演变趋势图（见图4-1）。从地区分布上来看，我国各地区文化资源存在显著差异，从时空发展上来看，2013~2019年各地区文化资源变动幅度较低，文化资源的更新动力略显不足。

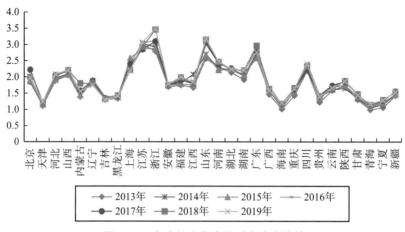

图4-1　各省份文化资源时空演变趋势

依据国家统计局的划分标准，结合文化资源构成和分布特征，本书进一步将各省份划分为东部、中部和西部三大区域①。从分地区文化资源构成来看，如图4-2~图4-4所示，东部地区文化创新资源和文化设施资源优势较为突出，其中，北京、江苏、浙江等省份的文化创新资源、旅游资源和文化设施资源几乎齐头并进，呈现稳步发展的趋势。尽管上海市文化遗产资源相对薄弱，但文化创新资源和文化设施资源优势突出，进而带动了该地文化资源的整体水平。其他东部省份文化遗产资源和文化信息资源水平相对较低，因此拖累了地方文化资源综合水平。

---

① 具体而言，东部地区包括：北京、天津、河北、辽宁、上海、江苏、浙江、福建、山东、广东、广西和海南。中部地区包括：山西、内蒙古、吉林、黑龙江、安徽、江西、河南、湖北和湖南。西部地区包括：重庆、四川、贵州、云南、陕西、甘肃、青海、宁夏和新疆。

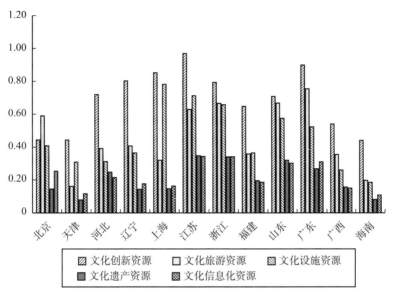

图 4－2 2013 年东部地区文化资源构成

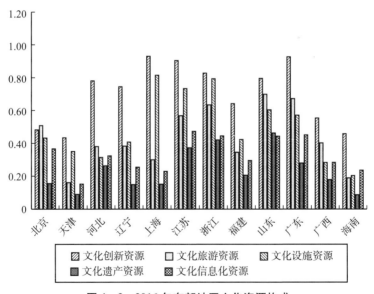

图 4－3 2016 年东部地区文化资源构成

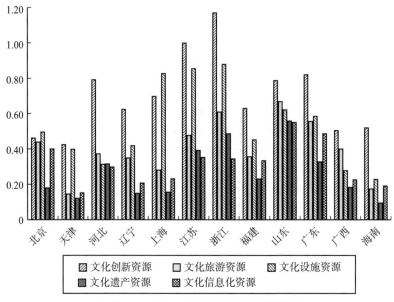

图4-4 2019年东部地区文化资源构成

图4-5、图4-6和图4-7分别展示了中部地区2013年、2016年和2019年的文化资源构成。如图所示，文化创新资源是提升中部地区文化资源综合水平的关键部分，其他分项资源指数都明显落后于东部地区，其中，文化旅游资源和文化设施资源水平普遍较低，文化遗产资源和文化信息化资源水平较为均衡。整体来讲，中部地区各省份文化资源水平和结构较为接近。其中，山西、河南、湖南和湖北四省文化领域创意阶层的储备资源较为丰富，因此提升了文化创新资源水平。纵向来看，2013年、2016年和2019年中部地区文化资源结构变动并不明显，整体呈现缓慢发展的态势。

图4-8、图4-9和图4-10显示了西部地区2013年、2016年和2019年的文化资源构成。具体来看，西部地区各省份间文化资源水平差距较大，其中，四川省各项文化资源都位于西部地区前列，贵州、云南、陕西以及甘肃的文化遗产资源指数较高，但是文化旅游资源和文化设施资源并没有明显优势，青海、宁夏等省份的文化设施资源和文化信息化资源较为匮乏。整体

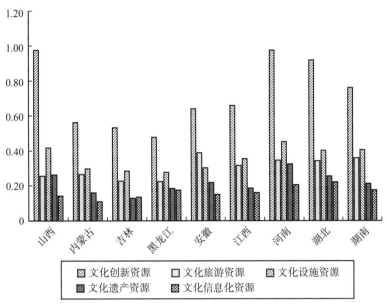

图 4 - 5   2013 年中部地区文化资源构成

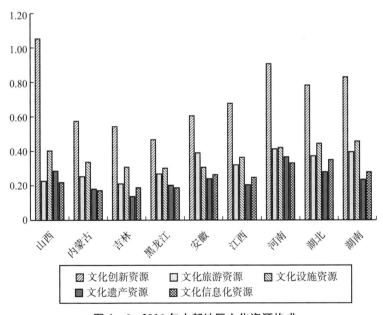

图 4 - 6   2016 年中部地区文化资源构成

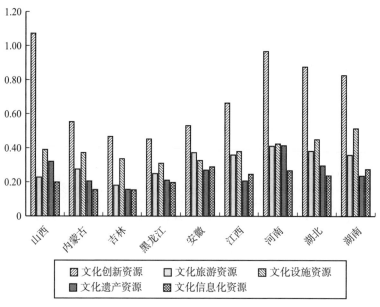

图4-7 2019年中部地区文化资源构成

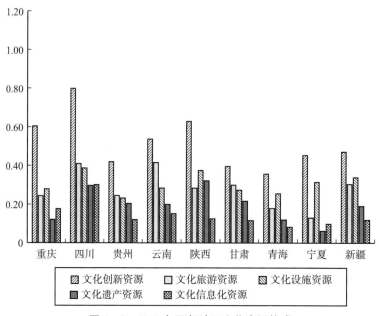

图4-8 2013年西部地区文化资源构成

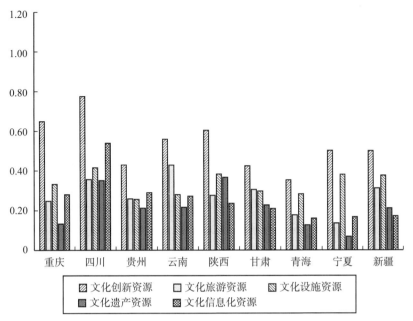

图 4-9　2016 年西部地区文化资源构成

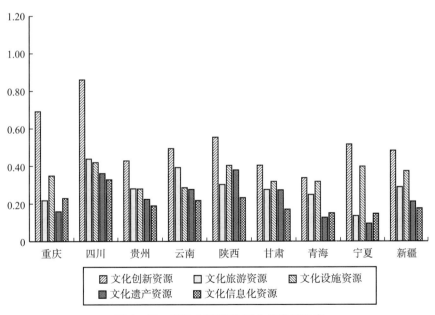

图 4-10　2019 年西部地区文化资源构成

来讲，西部地区各项文化资源水平均低于东部和中部地区，但存在明显的结构性变动。从资源结构上看，如图4-8所示，2013年西部地区各省份文化信息化资源指数都不足0.2，低于其他细分资源水平。到2016年，重庆、四川、贵州和云南等省份文化信息化资源水平已跃居至5种资源的第二位，至2019年，西部地区各省份文化信息化资源与其他资源水平的差距都已显著缩小。

综合来看，东部、中部区域现代文化资源水平较高，西部地区文化资源综合水平普遍较低，但发展迅速。西部地区文化资源结构正处于快速优化阶段，未来需要进一步提升文化设施和文化信息化资源水平，以缩小现代文化资源综合水平和东部、中部地区间的差距。

4.2 文化产业 TFP 测算及结果分析

目前，测算TFP的方法主要有LP半参数法、OP协方差法、基于C-D生产函数的增长核算法，以及数据包络分析法（DEA）和随机前沿分析法（SFA）。其中，SFA方法设定灵活，可以估计单个要素对产出的影响，因此，对要素投入与产出贡献之间的内在关系有很好的解释力。基于此，本书将选择SFA方法，依据昆巴卡尔和洛弗尔（Kumbhakar & Lovell, 2000）的测算思路估计并分解文化产业TFP。

4.2.1 TFP 测算方法的选择和模型构建

4.2.1.1 SFA 分解法

首先，设定SFA函数基本模型为：

$$y = f(X, \ t; \ \beta) \cdot \exp(-u) \qquad (4-9)$$

其中，y 为产出规模，$f(\cdot)$ 是待估计参数，即为 SFA 函数的生产前沿面，X 是投入要素，t 表示时间，β 表示参数，u 为技术非效率项。

对式（4-9）取对数，并对 t 求导得：

$$\frac{\partial \ln y}{\partial t} = \frac{\partial \ln f(X, \ t; \ \beta)}{\partial t} + \sum_j \frac{\partial \ln f(X, \ t; \ \beta)}{\partial \ln X_j} \cdot \frac{\partial \ln X_j}{\partial t} - \frac{\partial u}{\partial t} \qquad (4-10)$$

其中，$\frac{\partial \ln y}{\partial t} = \frac{1}{y} \cdot \frac{\partial y}{\partial t}$ 为产出增长率（$\dot{y}$），$\frac{\partial \ln f(X, \ t; \ \beta)}{\partial t}$ 为生产前沿技术进步率（ΔT），$\frac{\partial \ln f(X, \ t; \ \beta)}{\partial \ln X_j}$ 是 j 要素产出弹性（ε_j），$\frac{\partial \ln X_j}{\partial t} = \frac{1}{X_j} \cdot \frac{\partial X_j}{\partial t}$ 是 j 要素投入的增长率（$\dot{X}_j$），$\frac{\partial u}{\partial t}$ 为技术非效率变化率（ΔTE）。则式（4-10）可以改写为：

$$\dot{y} = \Delta TC + \sum_j \varepsilon_j \dot{X}_j + \Delta TE \qquad (4-11)$$

TFP 增长率（ΔTFP）是产出增长率超出要素投入增长率的部分，假定要素 j 的投入成本占总成本的比重是 s_j，则 TFP 增长率为：

$$\Delta TFP = \dot{y} - \sum_j s_j \dot{X}_j \qquad (4-12)$$

把式（4-11）代入式（4-12）：

$$\Delta TFP = \Delta TC + \sum_j \varepsilon_j \dot{X}_j + \Delta TE - \sum_j s_j \dot{X}_j \qquad (4-13)$$

$$\Delta TFP = \Delta TC + \Delta TE + (\varepsilon - 1) \sum_j \left(\frac{\varepsilon_j}{\varepsilon} \times \dot{X}_j \right) + \sum_j \left[\left(\frac{\varepsilon_j}{\varepsilon} - s_j \right) \times \dot{X}_j \right]$$

$$(4-14)$$

式（4-14）中，ε 表示所有生产要素的产出弹性之和（RTS），$\frac{\varepsilon_j}{\varepsilon}$ 表示第 j 个要素的产出弹性（λ_j），式（4-14）可以进一步改写为：

$$\Delta TFP = \Delta TC + \Delta TE + (RTS - 1) \sum_j (\lambda_j \times \dot{X}_j) + \sum_j \left[(\lambda_j - s_j) \times \dot{X}_j \right]$$

$$(4-15)$$

$$\Delta TFP = \Delta TC + \Delta TE + \Delta SC + \Delta AE \qquad (4-16)$$

其中，ΔTC 是技术进步随时间 t 的变化情况；ΔTE 是技术效率随时间 t 的变化情况；ΔSC 表示规模效率随时间 t 的变化情况；ΔAE 表示资源配置效率随时间 t 的变化情况，反映了要素产出弹性份额与最优资源配置份额的偏离程度，如果要素的产出弹性等于要素投入成本占比（$\lambda_j = s_j$），则资源配置扭曲度为 0，资源配置效率达到最优。

4.2.1.2　随机生产边界和效率模型构建

本书根据昆巴卡尔（Kumbhakar，2005）、比特斯和科利（Bttese & Coelli，1992）的研究，构建一个包含时变（time-varying）技术无效率指数的随机前沿生产函数模型：

$$Y_{it} = f(X, \ t; \ \beta) \cdot e^{v_{it} - u_{it}} \qquad (4-17)$$

$$u_{it} = u_i \cdot \eta_{it} = u_i \cdot \exp[-\eta \times (t - T)] \qquad (4-18)$$

其中，i 和 t 分别表示个体和时间，$f(\cdot)$ 是完全效率时生产可能边界的确定性前沿产出。（$v_{it} - u_{it}$）为复合误差项，v_{it} 表示随机误差项，且 $v_{it} \sim N(0, \ \sigma_v^2)$，$u_{it}$ 表示 i 企业 t 时期技术无效率，且 $u_{it} \sim N^+(\mu, \ \sigma_u^2)$，$v_{it}$ 与 u_{it} 相互独立。其中，$\sigma^2 = \sigma_v^2 + \sigma_u^2$，$\gamma = \dfrac{\sigma_u^2}{\sigma_v^2 + \sigma_u^2}$，$\gamma \in [0, \ 1]$，$\gamma$ 表示最大似然估计中非效率因素占随机因素的比率。γ 越接近 1，说明非效率项对模型估计结果有较强的解释力；γ 越接近 0，表明统计误差占比越高。如果 $u_{it} = 0$，表示技术有效，否则无效，决策单元位于生产前沿面下方。式（4-18）中，η 为技术效率指数的变化，$\exp[-\eta \times (t - T)]$ 是 T 至 t 时期技术无效率指数。

式（4-18）的技术无效率可以进一步表示为：

$$TE_{it} = \frac{Y_i}{f(X, \ t; \ \beta)\exp(v_{it})} \qquad (4-19)$$

即可观测的实际产出与相应的随机前沿产出之比，反映了在使用相同投入量的情况下，第 i 个地区的产出与完全有效地区产出之间的相对差异，$TE \in [0, 1]$。

目前实际测度 TFP 主要有两种生产函数形式：一是道格拉斯生产函数；二是超越对数生产函数。其中，超越对数生产函数是一个简单线性模型，估计方法较为灵活，且它在结构上属于二次响应面模型（冯贞柏，2019），是一种对数的 Taylor 技术的二阶展开，可以有不同的替代模式，并允许存在技术非中性。故本书选择超越对数随机前沿生产函数，构建包含资本、劳动力要素的文化产业生产函数模型：

$$\ln y_{it} = \beta_0 + \beta_1 \ln k_{it} + \beta_2 \ln l_{it} + \beta_3 t + \frac{1}{2}\beta_4 (\ln k_{it})^2 + \frac{1}{2}\beta_5 (\ln l_{it})^2 + \frac{1}{2}\beta_6 (t)^2$$

$$+ \beta_7 \ln k_{it} \ln l_{it} + \beta_8 t \ln k_{it} + \beta_9 t \ln l_{it} + \nu_{it} - u_{it} \qquad (4-20)$$

其中，y_{it} 代表 i 企业 t 年的产出，k_{it} 和 l_{it} 分别代表资本和劳动力投入，其他变量含义与式（4-18）一致。对式（4-20）的资本（k）和劳动力（l）进行求导，得到资本要素产出弹性和劳动力要素产出弹性分别为：

$$\varepsilon_{itk} = \beta_1 + \beta_4 \ln k_{it} + \beta_7 \ln l_{it} + \beta_8 t \qquad (4-21)$$

$$\varepsilon_{itl} = \beta_2 + \beta_5 \ln l_{it} + \beta_7 \ln k_{it} + \beta_9 t \qquad (4-22)$$

按照式（4-15），可以由式（4-19）解得：

技术进步率变化（TC）：

$$TC_{it} = \frac{\partial \ln(x_{it},\ t;\ \beta)}{\partial t} = \beta_3 + \beta_6 t + \beta_8 \ln k_{it} + \beta_9 \ln l_{it} \qquad (4-23)$$

技术效率变化（TEC）：

$$TEC_{it} = \frac{\partial \ln TE}{\partial t} = \frac{-\mathrm{d}u_{it}}{\mathrm{d}t} \qquad (4-24)$$

规模效率变化（SEC）：

$$SEC_{it} = (RTS_{it} - 1)(\lambda_{itk}\dot{K}_{it} + \lambda_{itl}\dot{L}_{it}) \qquad (4-25)$$

配置效率变化（AEC）：

$$AEC_{it} = (\lambda_{itk} - s_{itk})\dot{K}_{it} + (\lambda_{itl} - s_{itl})\dot{L}_{it} \qquad (4-26)$$

最后，将式（4-20）的参数估计值分别代入式（4-21）~式（4-26）可以计算出 TC、TEC、SEC 和 AEC 值，相加即得到 30 个省份 2013~2019 年文化产业 TFP。

4.2.2 指标选择与数据处理

本节将测算我国 30 个省份（除港澳台地区及西藏自治区以外）的文化产业 TFP。受限于统计数据的可得性，本书使用 2012~2019 年各省份文化及相关产业统计数据，以 2012 年为基期，对数据进行平减处理，以消除物价波动的影响。所用数据全部来源于《中国文化文物统计年鉴》《中国文化及相关产业统计年鉴》《中国统计年鉴》及各省份统计年鉴等，对于个别样本缺失数据本书采用平均增长率法进行补值处理。

产出（Y）：现有研究一般采用增加值或者总产出作为产出变量，本书使用文化及相关产业增加值作为产出变量。需要说明的是，由于文化产业是重要的服务业，消费终端价格可以更准确地反映文化产出，为了消除价格因素对数量描述的影响，本书采用消费价格指数对文化产业增加值进行平减。

资本要素（K）：资本要素投入是指文化产业资本存量，通常采用永续盘存法进行估计。估计公式为：

$$K_{it} = \frac{I_{it}}{P_{it}} + (1 - \delta) K_{i,t-1} \qquad (4-27)$$

其中，K_{it}、$K_{i,t-1}$ 分别指 i 地区 t 年和 $t-1$ 年文化产业资本存量；I_{it} 表示 i 地区 t 年文化产业固定资产投资额，本书采用分省固定资产投资价格指数消除价格因素；δ 表示文化产业资本折旧率，折旧率采用文化及相关企业 2012~2019 年平均折旧率，经计算为 7.02%，基期年资本存量计算公式为：

$$K_0 = \frac{I}{g + \delta} \qquad (4-28)$$

其中，δ 为资本折旧率；g 为产出平均增长率，本书使用 2012 ～ 2019 年各地区文化及相关产业实际增加值的年平均增长率。

劳动力要素（L）：采用文化及相关产业就业人数作为劳动力要素投入。

此外，在计算配置效率时，需要劳动力和资本投入的成本份额，本书用劳动力报酬来表示劳动力成本，借鉴孙传旺和林伯强（2014）使用固定资产折旧和利息支出之和表示资本要素成本，具体计算方法是：

$$资本要素成本 = 固定资产折旧 + 利息支出之和$$

$$= (资本存量 \times 资本折旧率) + \left(资本存量 \times \frac{当年的\ 5\ 年}{期贷款利率}\right)$$

$$(4-29)$$

4.2.3 文化产业 TFP 的测算结果分析

4.2.3.1 参数估计及估计结果

由于随机前沿分析法是参数法，不同的前提假设和函数形式对估计结果会产生重大影响。因此，为了确保模型设置的准确性，避免估计结果偏差，在估计之前，本书使用广义似然比（LR）检验法，用来考察超越对数生产函数形式的正确性。具体思路是：设置原假设 H_0 是含有约束条件模型的似然函数值 LLF，备择假设 H_1 是不含约束条件模型的似然函数 LLF，并计算似然比 LR。广义似然比的统计量 LR 是：

$$LR = -2 \times \left[\ln L(H_0) - \ln L(H_1)\right] \qquad (4-30)$$

检验统计量服从混合卡方分布，即 $LR \sim \chi^2_{1-\alpha}(k)$。其中，$\alpha$ 代表显著性水平，k 是自由度。如果 LR 统计量大于临界值，则拒绝原假设，反之则接受原假设。本书首先使用 Frontier4.1 软件对式（4-20）进行了似然比检验，以确定含有 t 的超越对数生产函数模型的正确性。检验结果表明，与 C-D 函数形式相比，超越对数函数更加适合本书研究数据，同时，结果表明存在无效率项，数据可以采用随机前沿生产模型进行参数分析，且样本数据随时间变化存在技术非中性，模型（4-20）具有适用性。

模型估计结果如表 4-4 所示，除了 β_5 统计量 T 值显著性较差，其他参数估计都具有统计学意义。其中，总方差 σ^2 和 γ 在 10% 和 1% 的水平上显著，表明影响产出的生产非效率项显著，γ 为 0.96，说明技术无效率方差占总方差的比重达到 96%，复合误差项的变异主要是由无效率项引起的，符合随机前沿分析方法的要求。μ 为 0.78，表明存在技术无效率，意味着效率水平较低；η 为 0.03，说明文化产业技术效率具有时变性，随时间年均缓慢递增 0.03。参数估计结果表明：第一，目前，我国文化产业的资本要素投入存在结构性错配。具体来看，资本要素产出弹性（β_1）为 -1.05，通过显著性检验，表明增加资本投入会降低文化产业产出；但是资本要素的叠加投入系数（β_4）为 0.23，达到 1% 的显著性水平，说明叠加资本投入量可以促进文化产业发展；随时间变化的资本产出弹性（β_8）为 -0.05，表示持续追加固定资产投入，将抑制文化产业产出。这说明，叠加文化产业资本投入有利于当期产出，但持续增加固定资产投入，会提高文化产业经营成本，挤占其他生产要素投入，抑制文化产业产出。文化产业属于"轻资产、重创意"行业，随着数字技术的广泛使用，数字资产在文化产业中的占比逐渐提高，例如电子设备、软件、数字平台等资产项目，增加数字资产投入可以帮助行业内领导型企业与其他企业建立"数字鸿沟"，保持生产前沿面的优势。因此，为了促进文化产业产出，文化企业应该逐步调整资本要素结构，减少固定资产设备投入，增加数字资产、技术专利等无形资产投入。

表 4-4 随机前沿生产函数估计结果

变量	系数	估计值	T 值
截距项	β_0	8.34	6.00***

变量	系数	估计值	T 值
$\ln k$	β_1	-1.05	-2.94^{***}
$\ln l$	β_2	0.59	1.77^{*}
t	β_3	0.18	2.79^{**}
$(\ln k)^2$	β_4	0.23	4.01^{***}
$(\ln l)^2$	β_5	0.09	1.30
$(t)^2$	β_6	0.02	3.92^{***}
$\ln k \times \ln l$	β_7	-0.09	-1.77^{*}
$\ln t \times \ln k$	β_8	-0.05	-6.12^{***}
$\ln t \times \ln l$	β_9	0.05	3.76^{***}
σ^2		0.53	1.93^{*}
γ		0.96	49.85^{***}
μ		0.78	2.52^{***}
η		0.03	1.71^{*}

注：***、**、* 分别表示在 1%、5% 和 10% 的水平上显著。

第二，文化产业劳动力投入接近满足，且对产出具有滞后性影响。弹性系数显示，劳动力要素投入（β_2）为 0.59，显著为正，说明劳动力可以促进文化产业产出；劳动力要素的叠加投入系数（β_5）为 0.09，没有通过显著性检验，表明文化产业劳动力投入的规模效应呈递减趋势。随着时间变化的劳动力要素弹性（β_9）为 0.05，显著为正，表明随时间推移，劳动力的创意知识和经验累积到一定程度后，将发挥知识效应，促进文化产业产出。

第三，文化产业存在要素错配问题，资本和劳动力配置对产出效率具有显著的负面影响。要素混合投入估计系数（β_7）显示为 -0.09，达到 10% 的显著性水平，表明现阶段资本和劳动力要素配置结构不利于文化产业产出。由于文化产业存在大量的中小企业，文化资产质押困难，企业面临较高融资约束。因此，在资金约束一定的条件下，同时增加资本和劳动力要素投入会加剧文化企业生产经营负担，降低文化产出水平，恶化要素错配问题。

4.2.3.2 文化产业 TFP 及分解分析

图 4 – 11 显示了 2012～2019 年我国文化产业平均技术效率，我国文化产业技术效率在 0.39～0.45，整体呈现稳步上升的趋势。

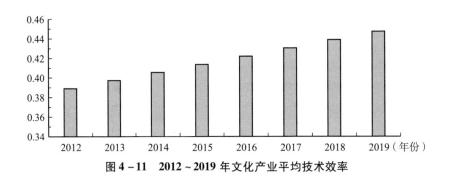

图 4 – 11 2012～2019 年文化产业平均技术效率

根据式（4 – 10）～式（4 – 14）对文化产业 TFP 进一步分解为技术进步（TC）、技术效率变化（TEC）、规模报酬变化率（SEC）、配置效率变化率（AEC），结果如表 4 – 5 所示。我国 2013～2019 年文化产业 TFP 前五位的依次是广东（0.085）、上海（0.084）、北京（0.065）、浙江（0.026）和江苏（0.020），主要是东部沿海地区。文化产业全要素生产率后五位的依次是重庆（﹣0.090）、新疆（﹣0.158）、宁夏（﹣0.164）、青海（﹣0.180）和贵州（﹣0.225），均为西部地区。具体来看，排名前五位的省份主要是依靠技术进步拉动文化产业 TFP，而后五位省份的规模效率和要素配置效率普遍较低，拖累了文化产业 TFP 水平。

表 4 - 5 **我国各省份 2013 ~ 2019 年文化产业 TFP 及分解**

省份	TC	TEC	SEC	AEC	TFP
北京	0.094	0.002	- 0.020	- 0.010	0.065
天津	- 0.023	0.028	0.015	- 0.033	- 0.012
河北	- 0.030	0.031	- 0.014	- 0.031	- 0.045
山西	- 0.021	0.042	- 0.008	- 0.008	0.006
内蒙古	- 0.002	0.038	- 0.032	- 0.082	- 0.078
辽宁	- 0.040	0.037	0.002	0.011	0.010
吉林	- 0.107	0.068	0.009	- 0.019	- 0.049
黑龙江	- 0.099	0.051	0.008	- 0.009	- 0.049
上海	0.101	0.002	- 0.006	- 0.013	0.084
江苏	0.031	0.008	- 0.014	- 0.006	0.020
浙江	0.055	0.004	- 0.023	- 0.010	0.026
安徽	0.017	0.021	- 0.028	- 0.032	- 0.023
福建	0.036	0.016	- 0.032	- 0.026	- 0.006
江西	- 0.001	0.034	- 0.028	- 0.035	- 0.030
山东	- 0.041	0.029	0.001	- 0.013	- 0.025
河南	0.027	0.024	- 0.041	- 0.052	- 0.042
湖北	0.026	0.020	- 0.061	- 0.020	- 0.034
湖南	0.018	0.020	- 0.016	- 0.029	- 0.006
广东	0.088	0.004	- 0.009	0.002	0.085
广西	- 0.018	0.038	- 0.018	- 0.046	- 0.044
海南	0.010	0.051	- 0.043	- 0.076	- 0.058
重庆	0.011	0.030	- 0.060	- 0.071	- 0.090
四川	0.021	0.015	- 0.040	- 0.028	- 0.033
贵州	0.036	0.037	- 0.108	- 0.191	- 0.225
云南	0.021	0.026	- 0.040	- 0.060	- 0.053

续表

省份	TC	TEC	SEC	AEC	TFP
陕西	0.053	0.017	- 0.035	- 0.030	0.005
甘肃	0.091	0.056	0.042	- 0.188	0.002
青海	0.022	0.069	0.019	- 0.290	- 0.180
宁夏	- 0.032	0.061	- 0.061	- 0.132	- 0.164
新疆	0.014	0.050	- 0.044	- 0.179	- 0.158

　　文化产业 TFP 及分解项的变化趋势如图 4 - 12 所示。2013 ~ 2019 年，我国文化产业 TFP 略有上升，但最大仅为 - 0.003，表明我国文化产业 TFP 发展缓慢，整体水平较低。出现这种情况的原因是，"十三五"以来，我国整体进入宏观经济转型时期，经济发展方式逐渐从规模速度型向质量效率型转变，包括出版发行、广电、文化旅游等传统文化行业受到了冲击，因此导致文化产业整体效率处于较低水平。

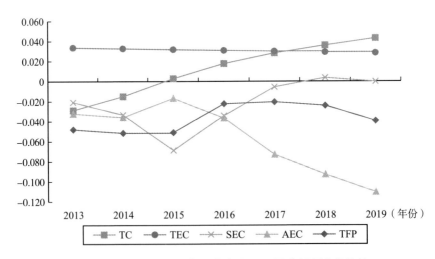

图 4 - 12　2013 ~ 2019 年文化产业 TFP 及分解项变化趋势

具体来看，技术进步变化呈现逐年上升的态势，2015 年以后变化率为正，说明随着信息技术的渗透，文化产业技术进步呈现加速发展趋势。2013 ~ 2019 年技术效率变化在 0.028 ~ 0.034，呈略微下降的态势，说明文化产业技术效率年均增长率较为稳定，技术进步和技术效率变化是改善文化产业 TFP 的主要动因。另外，规模效率变化率小于 0，且波动性较强，要素配置效率变化率为负数，自 2016 年开始，表现出加速下降的趋势，这与随机前沿估计结果一致，表明文化产业要素结构存在一定的错配问题。

结合资本劳动比的趋势（见图 4 - 13）可以看出，2016 年是文化产业 TFP、资本劳动力比、规模效率和配置效率转折的关键年份，自此，文化产业要素配置效率和产业 TFP 增幅开始下降。作为新一轮科技革命浪潮的重点领域，文化产业发展模式、生产效率和经济动力都处于转型变革阶段。随着国家文化和旅游部门的合并，"文化 +""旅游 +""科技 +"的文化旅游新业态和新模式实现快速发展，文化产业和其他领域的融合业态成为投资热点和新发展方向，而传统领域的文化产业投融资能力和发力点都开始趋弱。现阶段，文化产业内传统文化行业面临数字技术的转型压力，新兴创意行业面临资金投入不足的融资压力，这加剧了资本和劳动力的配置结构问题，拉低了文化产业 TFP 的整体水平。

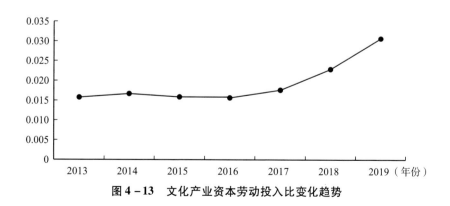

图 4 - 13　文化产业资本劳动投入比变化趋势

4.3 文化产业 TFP 的演化特征分析

4.3.1 敛散性模型

由第 4.2 节分析可知,我国文化产业发展较为缓慢,各地区文化产业 TFP 差距较为明显,那么我国文化产业 TFP 的时变特征如何? 各地区是否存在收敛或发散的变化趋势? 本节将采用 σ 收敛模型和 β 收敛模型对文化产业 TFP 进行敛散性分析,判断地区间文化产业 TFP 差距是否会缩小,以及文化产业发展落后地区能否实现追赶超越。

4.3.1.1 σ 收敛模型

σ 收敛是对收敛概念最为直观的理解,即绝对差距随时间推移而逐渐减小。目前,检验 σ 收敛的相关指标主要有变异系数和标准差等。本书研究使用标准差来反映各省份文化产业 TFP 差距的变化趋势,具体公式为:

$$\delta_t = \sqrt{\frac{1}{n} \sum_{i=1}^{n} (TFP_{it} - \sum \overline{TFP_t})^2} \qquad (4-31)$$

其中,TFP_{it} 表示第 i 个省份在第 t 年的文化产业全要素生产率,$\overline{TFP_t}$ 代表第 t 年全国文化产业 TFP 的均值,n 表示省份个数。若时期 $t+T$ 满足:$\delta_{t+T} < \delta_t$,则认为存在 T 阶段的 σ 收敛;若对于任意时期 $s < t$,$\delta_s < \delta_t$,则存在一致的 σ 收敛。

4.3.1.2 β 收敛模型

β 收敛源于新古典经济理论的经济趋同思想,为了分析每个地区的经济增长率是否可以达到一致的增长速度,巴罗和萨拉 – 伊 – 马丁(Barro & Sala-

I-Martin, 1992) 提出了经济收敛模型:

$$\frac{1}{T-t}\ln\frac{y_{i,T}}{y_{i,t}} = x_i - \left[\frac{1-e^{-\beta(T-t)}}{T-t}\right]\ln y_{i,t} + \varepsilon_{i,t} \qquad (4-32)$$

进一步, β 收敛可以表示为:

$$\ln\frac{y_{i,T}}{y_{i,t}} = x_i(T-t) - \left[1-e^{-\beta(T-t)}\right]\ln y_{i,t} + \varepsilon_{i,t}(T-t) \qquad (4-33)$$

$$\ln\frac{y_{i,t}}{y_{i,t-1}} = \alpha_{it} + \left[1-e^{-\beta}\right]\ln y_{i,t-1} + \varepsilon_{i,t} \qquad (4-34)$$

若在式 (4-33) 的基础上将不同地区的特征和初始条件考虑在内, 分析每个地区文化产业 TFP 是否收敛于自身的稳定水平即为条件 β 收敛。目前, 考察条件 β 收敛的主要方法有: 一是设置面板模型, 使用面板数据固定效应来代表不同地区的稳态条件; 二是在面板模型的基础上, 加入一些对 TFP 有影响且关联度较高的控制变量, 以提高估计结果的精确性。因此, 本书采用增加额外控制变量的固定效应模型, 检验条件 β 收敛, 用来考察各地区因不同外部环境导致的文化产业 TFP 的收敛情况, 具体模型如下:

$$\ln\left(\frac{TFP_{i,t+1}}{TFP_{i,t}}\right) = \alpha + \beta\ln TFP_{i,t} + \lambda\sum_{j=1}^{n}Control_{it} + \mu_i + \eta_t + \varepsilon_{i,t} \qquad (4-35)$$

其中, $\ln(TFP_{i,t+1}/TFP_{i,t})$ 表示第 i 个地区文化产业 $t \sim t+1$ 年的 TFP, $TFP_{i,t}$ 表示第 i 个地区在 t 年文化产业 TFP, $TFP_{i,t+1}$ 表示第 i 个地区在 $t+1$ 年文化产业 TFP, α 为常数项, β 为系数项, $\varepsilon_{i,t}$ 为误差项。λ 是控制变量的待估参数, $Control$ 是 n 个影响文化产业 TFP 的控制变量, μ_i 和 η_t 分别为个体效应和时间效应。β 可以进一步表示为:

$$\beta = -(1-e^{-\lambda T})/T \qquad (4-36)$$

其中, λ 为 β 收敛的收敛速度。

4.3.1.3 变量选择和数据来源

(1) 变量选择。

β 收敛模型中核心解释变量为文化产业 TFP, 被解释变量是第 i 个地区文

化产业 $t \sim t+1$ 年的 TFP。具体计算过程，不再赘述。本部分将对选择的控制变量进行重点说明。

①市场化水平（$mark$）。反映了市场机制在经济发展过程中发挥的作用程度。一方面，市场机制可以促进文化产业的生产要素在区域间和行业间自由流动，实现扩散和外溢；另一方面，市场调节机制可以确保生产要素价格正常反映要素的相对供给程度，保证要素成本与企业边际产品价值的离散程度处于合理范围以内。一般情况下，市场化水平越高，资本、劳动力和技术在部门和区域间的配置效率越高，越有利于文化产业 TFP 水平的提高。本部分将借鉴孙光林和蒋伟（2021）的研究，使用城镇单位非国有企业就业人员占全部城镇单位就业人员的比重来衡量市场化水平。

②研发投入（rd）。随着信息技术的快速发展，出现了跨产业融合的趋势，研发技术日渐成为文化产业重要的要素投入。其中，传统文化行业借助技术中介，将一些抽象的文化内容商品化，突破传统文化生产要素的时空限制，扩展文化市场、提高生产绩效；新兴创意行业更是依靠新技术，在市场和行业中构建技术鸿沟，筑牢企业的竞争优势。近年来，大量的传统文化企业正在通过技术创新转型成为创意生产企业，不断形成新的文化产业组织。由此可见，研发投入对文化产业发展具有重要影响。目前，研发投入强度是衡量研发投入最广泛的指标，故本部分使用文化产业研发投入和 GDP 的比值来测度文化产业研发投入强度。

③产业结构（$strue$）。产业结构水平主要体现在，一是产业结构合理化，即生产要素在产业间实现了自由流动和合理配置；二是产业结构高级化，即生产要素向更高效率的产业部门流入，因此实现了不同部门间生产效率的共同提高（郑婷婷，2019）。目前，衡量产业结构水平的方法主要有霍夫曼系数、钱纳里标准结构方法，但这些方法通常需要时间维度很大的高质量数据，我国现有的产业结构数据质量并不能支持这些方法。基于此，本书研究选择第三产业和 GDP 的比值来衡量产业结构水平。

④劳动力质量（lnedu）。文化产业是知识密集型行业，劳动力质量是影响文化产业 TFP 进步的重要因素。故本书采用各地区对数化的人均受教育年限来衡量各地区的劳动力质量，具体把小学以下设定为 6 年，初中为 9 年，高中为 12 年，大专为 15 年，本科为 16 年，研究生为 19 年，最后得到平均受教育年限。

⑤融资约束（lnloan）。作为战略性新兴产业，文化生产周期长、市场风险高，文化产业对资本的需求量较大，但由于文化产业的核心资产是"轻资产"，以及内容产品，它们在资产评估、担保以及产权交易等环节存在一定困难。因此，融资贷款能力反映了地方文化产业可能面临的融资现状，故本书研究使用对数化的年末金融机构人民币各项贷款余额表示各地区融资约束水平。

（2）数据来源。

本节样本和被解释变量数据来源与第 4.2 节一致，不再赘述。控制变量数据主要来自 2013～2019 年《中国统计年鉴》《中国劳动统计年鉴》《中国文化及相关产业统计年鉴》等，涉及的货币数值型数据以 2012 年为基期，使用 5 年期贷款利率进行平减，以消除价格因素波动可能对实证结果造成的影响。本部分相关变量的描述性统计结果如表 4-6 所示。

表 4-6　　　　　　　　　相关变量的描述性统计结果

变量	观察值	平均值	标准差	最小值	最大值
文化产业全要素生产率（tfp）	210	-0.037	0.083	-0.337	0.179
市场化水平（market）	210	0.680	0.145	0.355	0.917
研发投入（rd）	210	0.340	0.380	0.0004	1.429
产业结构（strue）	210	0.481	0.092	0.320	0.835
劳动力质量（lnedu）	210	2.645	0.144	2.330	2.907
融资约束（lnloan）	210	10.119	0.837	7.971	11.998

4.3.2　文化产业 TFP 的 σ 收敛性分析

本书研究 σ 收敛性是指不同地区文化产业 TFP 的差距会随时间的变化趋同或者趋异。根据测出的 2013～2019 年文化产业 TFP，基于式（4-21）测算了全国、东部、中部和西部地区文化产业 TFP 的标准差，变化趋势如图 4-14 所示。

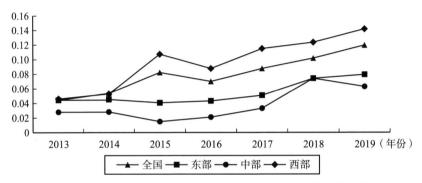

图 4 - 14　2013～2019 年文化产业全要素生产率 σ 收敛的变化趋势

从全国范围来看，文化产业 TFP 的标准差整体呈现波动上升趋势，仅 2015～2016 年出现了短暂收敛，表明我国文化产业 TFP 差距逐步扩大，不存在 σ 收敛性。三大区域的文化产业 TFP 差距拉大，没有随时间缩小的趋势，但却呈现出明显的阶段性收敛特征。具体来看，东部地区从 2013～2015 年标准差呈现收敛趋势，区域内部存在 σ 收敛，2016～2019 年标准差不断上升，呈现发散趋势，不存在 σ 收敛。2013～2015 年，中部地区文化产业 TFP 标准差呈现下降趋势，即存在 σ 收敛；2016～2019 年标准差上升，中部地区内部差异呈现增大趋势。西部地区标准差波动性较强，发散特征明显，变动趋势与全国基本一致，即不存在 σ 收敛。这说明，西部地区内文化产业 TFP 的差异逐步扩大，且发散趋势强于东部和中部地区。

　　图 4 – 15 展示了 2013 ~ 2019 年我国文化产业 TFP 各分解项效率的 σ 收敛指数变化趋势。技术效率和技术进步整体呈现下降趋势，但是较为缓慢，说明 σ 收敛性并不明显，文化产业内技术水平的差异保持了一个较为稳定的发展趋势。2014 ~ 2016 年，规模效率变动的标准差呈现明显的收敛趋势，2016 ~ 2018 年又表现出扩散性特征，比较 2013 ~ 2014 年，2018 ~ 2019 年文化产业规模效率相差较为明显，综合判断文化产业内规模效率具有 σ 收敛。要素配置效率存在明显的波动性趋势，且 2019 年标准差大于 2013 年，说明要素配置效率不存在 σ 收敛。

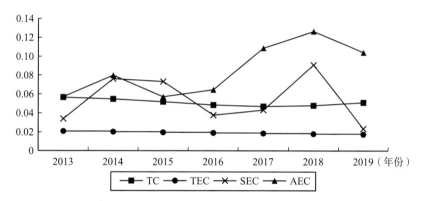

图 4 – 15　2013 ~ 2019 年文化产业 TFP 分解项 σ 收敛的变化趋势

4.3.3　文化产业 TFP 的 β 收敛性分析

　　表 4 – 7 报告了样本期间全国层面及三大区域文化产业 TFP 条件 β 收敛性检验结果。从估计系数可以看出，全国及东部、中部、西部三大区域条件 β 收敛性系数都显著为负，由此表明，在考虑了其他异质性影响因素的条件下，全国及分地区文化产业 TFP 存在条件 β 收敛，即全国各省份以及东部、中部、西部区域内各省份的文化产业 TFP 效率存在向自身稳态收敛的趋势。根据式（4 – 36），经测算东部、中部、西部的收敛速度分别为 0.267、0.149 和

0.229，这说明，在考虑了自身市场化水平、劳动力受教育程度、金融融资约束水平等因素后，东部地区各省份 β 收敛速度快于西部地区和中部地区。原因在于东部地区各省份文化产业发展较早，产业相对成熟，因此文化产业 TFP 将早于西部和中部地区收敛于自身的稳态发展水平。

表 4 - 7　　　　　　　　　文化产业 TFP 条件 β 收敛性检验结果

变量	全国		东部		中部		西部	
	(1)	(2)	(3)	(4)	(5)	(6)	(7)	(8)
β	- 0.595 *** (0.120)	- 0.627 *** (0.101)	- 0.686 *** (0.064)	- 0.799 *** (0.099)	- 0.594 *** (0.082)	- 0.592 *** (0.089)	- 0.575 *** (0.151)	- 0.747 *** (0.086)
market		0.156 * (0.085)		0.165 (0.093)		0.210 (0.194)		0.591 (0.425)
lnedu		0.374 * (0.212)		- 0.520 (0.446)		0.802 ** (0.314)		0.814 (0.467)
rd		0.004 * (0.002)		0.001 (0.002)		0.008 (0.005)		0.007 (0.005)
strue		- 0.441 ** (0.204)		- 0.204 (0.276)		- 0.480 * (0.209)		- 0.185 (0.589)
lnloan		- 0.012 (0.013)		0.008 (0.017)		- 0.013 (0.014)		0.187 (0.146)
α	- 0.034 *** (0.010)	- 0.686 (0.494)	- 0.006 (0.006)	1.040 (0.805)	- 0.040 *** (0.006)	- 1.667 (0.915)	- 0.068 ** (0.021)	- 3.910 * (2.039)
N	210	210	84	84	63	63	63	63
R^2	0.370	0.427	0.332	0.397	0.367	0.534	0.523	0.606
个体固定效应	YES	YES	YES	YES	YES	YES	YES	YES
时间固定效应	YES	YES	YES	YES	YES	YES	YES	YES

注：括号内为稳健标准误，*** 、** 、* 分别表示在 1% 、5% 和 10% 的水平上显著。

从控制变量的回归结果来看，全国层面和三大区域的控制变量影响系数的方向和显著性存在一定差异。其中，全国层面下，市场化水平系数显著为正，三大区域市场化水平系数为正但不显著，表明提高市场化水平虽然有助于推动要素流动，优化生产要素配置，但可能会扩大全国文化产业 TFP 水平的差距。原因可能是，要素市场存在趋利性，较高的市场化水平加速了生产要素流向文化产业 TFP 水平高的地区。同理，劳动力质量系数在全国和中部地区显著为正，即表明，劳动力平均受教育水平越高，越不利于文化产业 TFP 差异的收敛，提高劳动力质量可能导致全国和中部地区内不同省份文化产业全要素生产率的"马太效应"，呈现"强者越强，弱者越弱"的发展趋势。研发投入强度的回归系数在全国层面显著为正，在三大区域层面为正但不显著，这说明，提高研发投入强度对缩小全国文化产业全要素生产率水平的差距没有促进作用，反而会增加产业内和地区间的技术鸿沟。产业结构系数在全国层面和中部地区层面显著为负，在东部和西部地区的系数为负，但不显著，这意味着，提高产业结构水平有助于缩小地区间文化产业全要素生产率差距。融资约束在各层面上的回归系数均不显著，表明金融贷款支持力度有调节文化产业 TFP 差距的趋势，但作用并不明确。

4.4　本章小结

本章基于现代文化产业发展需求，通过构建文化资源指标体系，测度并分析了我国文化资源水平和结构。使用随机前沿生产函数模型，测算并分解了我国文化产业 TFP，使用标准差和静态面板模型对文化产业 TFP 进行了 σ 和 β 收敛性检验，探究了我国文化产业 TFP 的演化特征。得到如下结论。

第一，我国文化资源处于结构变动时期，各地区文化资源水平存在明显差异。总体来讲，文化创新资源是文化资源的重要组成部分，文化信息化资源正在快速扩张和积累，地区间文化资源特色分明，资源结构存在明显差异。东部地区文化资源整体水平较高，优势明显。中部地区各省份文化资源水平较为均衡，资源整体的积累和更新速度都较为缓慢，但文化创新资源独具优势。西部地区除四川、重庆和陕西以外，公共文化设施和文化信息化资源都相对落后，且地区内各省份文化资源水平差距较大。

第二，我国文化产业 TFP 水平较低，且增长缓慢。具体来看，技术进步和技术效率呈现稳定的上升趋势，是改善文化产业 TFP 的主要动因。文化产业资本和劳动力存在错配问题，配置效率和规模效率不佳是拉低文化产业 TFP 的主要原因。从收敛性特征来看，就 σ 收敛而言，我国文化产业 TFP 不存在 σ 收敛，且差距逐步扩大，没有随时间缩小的趋势。就 β 收敛而言，全国层面和东部、中部、西部地区存在条件 β 收敛，东部、中部、西部三大区域条件 β 收敛速度分别为 0.267、0.149 和 0.229。综合结果表明，各地区文化产业呈现出一种各自稳定，但是区域间发散的诡谲状态，这说明，目前各省份文化产业发展联动性较弱，在不发挥自身文化资源优势，不改善要素配置效率的情况下，各地区文化产业将保持"弱者恒弱、强者恒强"的状态，落后地区文化产业缺乏后发动力，实现追赶超越存在一定难度。

第 5 章

文化资源对文化产业 TFP 影响的实证研究

第 4 章研究发现，我国文化资源水平整体处于提升阶段，但各地区文化资源结构存在明显差异，目前文化产业 TFP 增长缓慢，且资本和劳动力要素投入存在较为严重的错配问题。本章将基于 2013～2019 年 30 个省份的面板数据，根据已测算的文化资源水平和文化产业 TFP，实证检验文化资源对文化产业 TFP 的影响。

5.1 研究设计

5.1.1 模型设定

根据前面的理论分析，为检验文化资源对文

化产业 TFP 的影响，本章将借鉴"资源诅咒"经典模型（邵帅，2009），构建如下基准回归模型：

$$tfp_{it} = \alpha_0 + \alpha_1 culture_{it} + \alpha_2 culture_{it}^2 + \alpha_3 X_{it} + \mu_i + \eta_t + \varepsilon_{it} \qquad (5-1)$$

其中，tfp 是被解释变量，tfp_{it} 表示第 i 省 t 年的文化产业 TFP 水平。$culture$ 是核心解释变量——文化资源，X 是控制变量，分别表示制度质量（fd）、研发投入（rd）、市场化水平（$market$）、城市化水平（$city$）、劳动力质量（$lnedu$）和人均 GDP 水平（$lnrgdp$）。$\alpha_0 \sim \alpha_3$ 为待估参数，μ 表示个体固定效应，η 表示时间固定效应，ε 为误差项。

通过检验模型（5-1）文化资源一次项和二次项系数，可以判断文化资源对文化产业 TFP 的非线性影响。若系数 α_1 和 α_2 显著，$\alpha_1 < 0$，$\alpha_2 > 0$，则文化资源对文化产业 TFP 具有"U"型影响，表明在文化资源的临界点两侧，其对文化产业 TFP 的影响存在变化，即先产生"资源诅咒"，后产生"资源恩赐"。反之，存在倒"U"型影响。

由于文化资源种类繁多，表现形态多样（柴冬冬和金元浦，2022），一部分可再生的文化资源会导致文化产业水平较高的地区，资源的更新能力更好，并不断创造出新的文化资源。因此，文化资源和文化产业 TFP 之间可能存在双向因果关系，为了减少和控制内生性问题对实证结果产生的干扰，本书研究在模型（5-1）的基础上引入文化产业 TFP 的滞后项，构建如下动态面板模型：

$$tfp_{it} = \alpha_0 + \alpha_1 tfp_{i,t-1} + \alpha_2 culture_{it} + \alpha_3 culture_{it}^2 + \alpha_4 X_{it} + \mu_i + \eta_t + \varepsilon_{it}$$

$$(5-2)$$

5.1.2 变量选择及说明

5.1.2.1 被解释变量

文化产业全要素生产率（tfp）。本书利用 2012~2019 年 30 个省份的文化产业相关数据，采用随机前沿分析法对文化产业 TFP 进行测算，最终得到 2013～2019 年各省份文化产业 TFP 效率值。在测算的过程中，基于数据的可得性，研究选择资本和劳动力作为投入变量，使用文化及相关产业增加值作为产出变量，具体过程已在第 4 章做出详细解释和测算，不再赘述。

5.1.2.2 核心解释变量

文化资源（*culture*）。本书结合现代文化产业转型的发展需求，已从五个维度构建资源禀赋指标体系，测算了文化资源水平，具体过程在第 4 章已进行了详细解释和说明，不再赘述。

5.1.2.3 控制变量

本章研究参考已有文献，选择制度质量（*fd*）、研发投入（*rd*）、市场化水平（*market*）、城市化水平（*city*）、劳动力质量（lnedu）和人均 GDP 水平（lnrgdp）作为控制变量，以控制遗漏变量，保证回归系数的无偏性。其中，市场化水平（*market*）、研发投入（*rd*）和劳动力质量（lnedu）测算指标与第 4 章一致，不再赘述。

（1）制度质量（*fd*）。目前有关经济制度质量的研究主要是从财政分权和税收分权两个角度进行，其中财政分权是指中央政府赋予地方政府在债务安排、税收管理和预算执行方面的自主权，可以相对全面地反映经济制度的质量。邓晓兰等（2019）认为，适度的财政分权可以缓解委托代理的信息不对称问题，发挥地方政府在经济建设中的信息优势，促进 TFP 水平的提高，过度分权则可能扭曲政府对经济发展的作用，导致财政和金融政策的配置效率失衡，抑制 TFP。现有测度财政分权的指标主要是财政收入分权（杨林和邓尧，2022）、支出分权（王曙光和高志勇，2022）和地方财政自由度（黄小勇和查育新，2022)，其中财政收入分权和支出分权使用最为广泛。鉴于文化产业的公共产品属性和各级政府对文化产业承担主要的支出责任，本章研究参考余泳泽（2015）的测算方法，选择财政支出分权作为制度质量的替代指标，具体计算公式如下所示：

$$FE_{rev} = \frac{\dfrac{FR_{it}}{POP_{it}}}{\dfrac{FR_{it}}{POP_{it}} + \dfrac{FR_{ct}}{POP_{ct}}} \times \left(1 - \frac{GDP_{it}}{GDP_{ct}}\right) \qquad (5-3)$$

其中，FR_{it} 代表 i 省份 t 年地方级财政支出，POP_{it} 代表 i 省份 t 年人口数量，FR_{ct} 代表 t 年中央级财政支出，POP_{ct} 代表 t 年全国人口数量，GDP_{it} 代表 i 省份 t 年 GDP 水平，GDP_{ct} 代表全国 t 年 GDP 水平。

（2）城镇化水平（*city*）。城市是承载经济社会发展的重要主体，也是推动产业发展的原动力。文化产业发展的大量资源要素和需求都汇聚于城市，设施资源、信息资源，以及旅游资源等都与城市发展水平紧密相关。优越的城市环境为文化产业发展提供了良好的外部基础条件，同时，城镇化水平还有利于经济结构的调整，推动技术、劳动力、创新要素在区域和产业间的流动。目前，测算城镇化水平的方法主要有：采用碳排放水平衡量城市化进程（林美顺，2016），通过构建评价指标体系，综合衡量城镇化水平（方大春和马为彪，2019），以及使用城镇人口占总人口的比重衡量城镇化率等方法。其中，城镇化率是目前最为通用的方法，故本章采用城镇人口占总人口的比重来衡量城镇化水平。

（3）人均 GDP 水平（ln*rgdp*）。文化产业是社会转型和变革最有力的机制形态（胡惠林，2017），所生产的产品具有较高的附加值和较高的文化品位（贾旭东，2022），因此文化产业是经济发展到一定程度的产物，其发展需要建立在物质基础之上。在经济发展水平高的地区，文化需求更为活跃，人们可以将精力投入文化生产中，且较高的经济水平，可以为文化生产提供充沛的物质要素。目前，人均生产总值是反映经济发展水平最常用的指标之一，故本章研究使用对数化的各省份实际人均生产总值衡量人均 GDP 水平。

5.1.3 数据来源和描述性统计

鉴于数据可获得性和有效性的局限，本章研究选择我国 30 个省份（除港澳台地区及西藏自治区以外）作为研究样本构建省级面板数据，样本期为 2013~2019 年。研究数据主要来源于各省份 2013~2019 年《中国文化及相关产业统计年鉴》《中国文化文物统计年鉴》《中国统计年鉴》等，以及各省份统计年鉴、国民经济统计公报，一部分数据来源于各省份统计局官网、文化和旅游厅官网。本章变量数据的描述性统计如表 5-1 所示。

表 5-1　　　　　　　　　　　　主要变量的描述性统计

变量	观察值	平均值	标准差	最小值	最大值
文化产业全要素生产率（tfp）	210	-0.037	0.083	-0.337	0.179
文化资源（cultrue）	210	1.879	0.561	0.993	3.485
制度质量（fd）	210	0.895	0.064	0.793	0.993
研发投入（rd）	210	0.340	0.380	0.0004	1.429
市场化水平（market）	210	0.680	0.145	0.355	0.917
城镇化水平（city）	210	0.587	0.116	0.378	0.896
劳动力质量（lnedu）	210	2.645	0.144	2.330	2.907
人均 GDP 水平（lnrgdp）	210	10.885	0.410	10.050	12.009

5.2 文化资源影响文化产业 TFP 的实证检验

5.2.1 回归结果分析

5.2.1.1 基准模型回归结果分析

在实证检验之前，本章进行了 BP 和 Hausman 检验，结果显示所用数据适用面板固定效应模型，故本章研究使用双向固定效应模型（two-way-fixed-effects）进行基准回归检验。回归结果如表 5 – 2 所示，列（8）中文化资源的一阶系数为 – 0.627，二阶系数为 0.103，都达到了 1% 的显著性水平，表明我国文化资源与文化产业 TFP 之间存在显著的"U"型关系，这验证了假设 1，说明文化资源存在一个临界值，当资源水平小于拐点时，文化资源对文化产业 TFP 存在"资源诅咒"作用；当文化资源越过拐点，进入"资源恩赐"阶段，促进文化产业 TFP 进步。原因可能是，早期文化资源挖掘过程中，维护和开发成本挤出了文化产业的生产性投入，因此降低了文化产业的要素配置效率。此外，丰富的文化资源将促进文化产业扩张，扩大文化生产规模，一方面增加固定资产投入，会削弱创意阶层占比，抑制文化技术效率和技术进步，另一方面对制造业的挤占效应导致劳动力和资本流向文化产业，加剧去工业化，减少了技术溢出，不利于文化产业 TFP 发展。当文化资源越过临界点后，文化部门从追逐规模扩张的阶段转向优化要素结构的阶段，文化资源从数量积累的阶段转向高质量发展的阶段，进而促进了文化产业 TFP 的进步。通过测算得到文化资源的拐点值是 3.04，文化资源平均值是 1.879，使用 Utest 对"U"型关系进行检验，P 值为 0.021，Slope 区间为 ［ – 0.422，

0.092]，拒绝原假设，这进一步验证了文化资源对产业 TFP 存在"U"型影响趋势。结果表明，现阶段我国文化资源处于拐点左侧，也就是抑制文化产业 TFP 的阶段，文化资源水平待跨越临界值，才能发挥文化资源对文化产业 TFP 的促进作用。

表 5 - 2　　　文化资源对文化产业全要素生产率影响的基准模型回归结果

变量	（1）	（2）	（3）	（4）	（5）	（6）	（7）	（8）
$culture$	- 0. 109 * (0. 055)	- 0. 799 *** (0. 233)	- 0. 770 *** (0. 216)	- 0. 770 *** (0. 220)	- 0. 671 *** (0. 203)	- 0. 556 *** (0. 173)	- 0. 627 *** (0. 192)	- 0. 627 *** (0. 192)
$culture^2$		0. 133 *** (0. 042)	0. 125 *** (0. 037)	0. 127 *** (0. 037)	0. 108 *** (0. 034)	0. 091 *** (0. 029)	0. 103 *** (0. 033)	0. 103 *** (0. 033)
fd			0. 321 (0. 305)	0. 189 (0. 256)	0. 190 (0. 232)	0. 468 * (0. 259)	0. 468 * (0. 269)	0. 469 * (0. 272)
rd				0. 005 (0. 005)	0. 006 (0. 004)	0. 009 * (0. 005)	0. 009 ** (0. 004)	0. 009 ** (0. 004)
$market$					0. 206 * (0. 104)	0. 134 (0. 091)	0. 130 (0. 090)	0. 138 (0. 093)
$city$						- 1. 245 *** (0. 421)	- 1. 150 *** (0. 407)	- 1. 123 *** (0. 364)
$lnedu$							0. 427 * (0. 233)	0. 431 * (0. 233)
$lnrgdp$								- 0. 009 (0. 049)
$\_cons$	0. 145 (0. 100)	0. 910 *** (0. 277)	0. 609 * (0. 311)	0. 702 ** (0. 303)	0. 431 (0. 321)	0. 783 ** (0. 327)	- 0. 127 (0. 572)	- 0. 057 (0. 748)
N	210	210	210	210	210	210	210	210
R^2	0. 125	0. 250	0. 262	0. 283	0. 308	0. 361	0. 380	0. 380
个体固定效应	YES	YES	YES	YES	YES	YES	YES	YES
时间固定效应	YES	YES	YES	YES	YES	YES	YES	YES

注：括号内为稳健标准误，*** 、** 、* 分别表示在 1% 、5% 和 10% 的水平上显著。

表5-2中，控制变量基本都通过了显著性水平检验，具体来看，制度质量系数为正，且达到10%的显著性水平，这说明制度质量可以有效发挥地方政府在文化产业发展中的优势。原因在于，文化资源存在社会价值，财政分权可以有效激励政府行为，提高要素供给，改善文化产业 TFP 水平。市场化水平基本都通过了显著性检验，说明市场化对文化产业 TFP 具有非常显著的正向促进作用。市场化机制有助于引导和调节文化产业生产要素的合理流动，推动文化创意和技术在产业内的扩散，解决文化创作和商品价值间的矛盾。同时，较高的市场化水平可以改善文化产业面临的技术要素确权问题，调节生产要素供给和价格。城镇化水平为负数，且达到了1%的显著性水平，这意味着城镇化不利于文化产业 TFP 进步。由于文化产业的核心生产过程是文化内容生产，面临的投资风险大，生产周期长，故文化企业对生产成本极为敏感，城镇化带来的高额租金和劳动力成本，会恶化文化企业投入资金不足的问题，降低文化产业 TFP 水平。研发投入强度通过了5%的显著性水平检验，表明现阶段，文化科技融合已成为促进文化产业效率提升的重要推动力，研发投入提高了文化产业技术中介的使用，显著促进了文化产业的效率变革和进步。劳动力质量系数显著为正，表明提高劳动力受教育水平可以显著促进文化产业 TFP 发展，地方丰富的高质量劳动力可以为文化产业输送复合型的人力资源，并蕴含巨大的文化市场消费潜力。人均 GDP 水平不显著为负，说明现阶段我国区域人口和经济的规模优势尚未发挥，对文化产业发展的影响有限。

5.2.1.2 动态模型回归结果分析

尽管本章在已有研究基础上构建了新的文化资源指标体系，测算了文化资源水平，增加了控制变量，但难免会遗漏重要的解释变量，且受限于数据的可获得性，难以更为全面地衡量文化资源水平。因此，静态面板模型会存在遗漏变量的问题，故本章研究引入被解释变量的滞后一期，使用系统 GMM

方法对动态面板模型（5-2）进行回归检验，具体结果如表 5-3 所示。本章研究同时对比列示了偏差校正 LSDVC 法和 FE 法对动态面板的回归结果。如表 5-3 所示，三种方法对动态面板模型的回归结果基本一致，具体来看，列（1）中，系统 GMM 方法 Hansen 检验的 P 值为 0.476，接受了"所选取的工具变量是有效的"的原假设，说明模型选择的工具变量具有合理性。在 AR 检验中，AR（1）的 P 值为 0.007，拒绝"残差项不存在一阶自相关"的原假设，AR（2）的 P 值为 0.607，接受"残差项不存在二阶自相关"的原假设，通过 AR 检验。这进一步证明研究使用 GMM 方法的动态面板模型估计结果是稳健有效的。

表 5-3   文化资源对文化产业全要素生产率的动态模型回归结果

变量	（1） Sys-GMM	（2） LSDVC	（3） FE
L. TFP	0.392 ** (0.180)	0.434 *** (0.082)	0.288 *** (0.085)
culture	-0.282 * (0.140)	-0.393 ** (0.167)	-0.421 ** (0.192)
$culture^2$	0.063 * (0.032)	0.058 * (0.032)	0.064 * (0.032)
fd	0.206 (0.334)	0.173 (0.228)	0.220 (0.202)
rd	-0.000 (0.002)	0.003 (0.003)	0.004 ** (0.002)
market	1.054 *** (0.324)	0.122 (0.103)	0.139 ** (0.063)
city	-0.541 ** (0.262)	-0.326 (0.523)	-0.549 (0.350)
lnedu	0.872 *** (0.255)	0.396 * (0.226)	0.429 ** (0.194)

变量	（1）Sys-GMM	（2）LSDVC	（3）FE
lnrgdp	−0.186** （0.079）	0.016 （0.045）	0.010 （0.040）
_cons	−0.362 （0.789）	—	−0.552 （0.817）
AR（1）	−2.68 ［0.007］	—	—
AR（2）	0.52 ［0.607］	—	—
Hansen	1.48 ［0.476］	—	—
R²	—	—	0.378
个体固定效应	YES	YES	YES
时间固定效应	YES	YES	YES

注：（）内为稳健标准误，［］内为 P 值，***、**、*分别表示在1%、5%和10%的水平上显著。

系统 GMM 模型的检验结果显示，主要解释变量系数的符号和显著性水平都与基准静态面板回归结果保持一致。被解释变量的滞后一期都通过了显著性水平检验，说明文化产业 TFP 具有显著的经济惯性，上一期的文化产业 TFP 可以促进本期效率进步。动态面板模型回归结果进一步证明，文化资源影响文化产业 TFP 存在明显的"先抑后扬"趋势。其他控制变量的回归系数方向和显著性水平与基准模型结果也基本一致，表明本章研究模型设置和变量选择具有合理性。无论采用静态面板模型，还是动态面板模型，结论都表明现阶段我国文化资源不利于文化产业 TFP，证实我国文化"资源诅咒"和"资源恩赐"存在有条件的转化。

5.2.2 稳健性检验

本节将采用以下 5 种方法对基准回归模型进行稳健性检验，回归结果如表 5 - 4 所示。检验结果分析如下。

表 5 - 4 稳健性检验回归结果

变量	(1)	(2)	(3)	(4)	(5)
culture	-0.595 *** (0.188)	-0.353 *** (0.097)	-0.642 *** (0.201)	-0.426 *** (0.095)	-0.122 * (0.061)
culture^2	0.098 *** (0.032)	0.103 *** (0.031)	0.104 *** (0.034)	0.068 *** (0.016)	0.033 *** (0.011)
fd	0.717 ** (0.267)	0.601 ** (0.271)	0.317 (0.288)	0.043 (0.143)	-0.173 (0.135)
rd	0.010 *** (0.003)	0.011 ** (0.005)	0.009 * (0.005)	0.004 *** (0.002)	0.003 *** (0.001)
market	0.082 (0.078)	0.185 * (0.092)	0.128 (0.098)	0.047 (0.062)	0.070 (0.078)
city	-1.001 *** (0.304)	-1.329 *** (0.430)	-0.645 ** (0.291)	-0.586 ** (0.256)	0.166 (0.285)
lnedu	0.389 (0.231)	0.331 (0.237)	0.478 ** (0.217)	0.157 (0.142)	0.083 (0.122)
lnrgdp	-0.016 (0.049)	-0.015 (0.047)	-0.064 (0.058)	0.022 (0.030)	-0.023 (0.022)
lncar	-0.107 ** (0.048)				
lnmon	0.001 * (0.001)				
_cons	0.010 (0.804)	-0.318 (0.776)	0.323 (0.669)	0.352 (0.492)	1.160 *** (0.281)

变量	（1）	（2）	（3）	（4）	（5）
N	210	210	180	210	210
R^2	0.362	0.430	0.364	—	0.157
拐点	1.714	3.034	3.077	3.136	1.867
Utest 检验	0.049	0.021	0.036	0.036	0.070
Slope	［-0.260, 0.084］	［-0.400, 0.088］	［-0.435, 0.080］	［-0.291, 0.048］	［-0.057, 0.106］
曲线关系	U 型	U 型	U 型	U 型	U 型
个体固定效应	YES	YES	YES	YES	YES
时间固定效应	YES	YES	YES	YES	YES

注：括号内为稳健标准误，***、**、*分别表示在1%、5%和10%的水平上显著。

（1）增加控制变量。已有研究表明，基础设施可以显著影响TFP，通勤成本不仅可以影响企业间沟通效率，还反映出区域市场的分割程度，干预文化产业生产要素的流动。另外，诸多研究证明金融市场是影响文化产业发展的重要因素，随着文化产业的扩张，对资金的需求增长增多，金融市场的繁荣为文化产业发展提供了资金保障，有利于文化企业实现规模化发展目标，提高要素配置效率，促进文化产业TFP进步。因此，本节增加地区通勤成本（lncar）和金融市场水平（lnmon）作为控制变量，具体使用对数化的人均公共交通车辆数量和金融机构数量进行测度，稳健性回归结果如表5-4中列（1）所示，一阶文化资源系数显著为负，二阶系数显著为正，表明文化资源对文化产业TFP存在非线性的"U"型影响，这个结论与前文结果一致，表明本章研究结论是稳健的。

（2）构建新的指标体系。尽管本章基于已有研究，构建了测度文化资源水平的指标体系，但仍可能遗漏重要指标，因此本章主要从文化资源"质"的角度替换部分原有指标。替换的具体指标是：将"文化教育机构在校生人数"替换为"人均文化教育机构在校生人数",将"全年制作电视和广播节目时间"替换为"全年制作电视和广播节目时间占全国的比重",将"音像制品和电子出版物种类"替换为"音像制品和电子出版物占全国的比重",将"各地区 A 级旅游景区"替换为"各地区 5A 级旅游景区",将"各地区星级饭店机构"替换为"各地区 5 星级饭店机构",将"各地区拥有的酒店床位数"替换为"各地区人均酒店床位数",将"辖区内社区文化活动场所"替换为"辖区单位面积社区文化活动场所密度",将"文物藏品"替换为"人均文物藏品数量",将"博物馆机构"替换为"博物馆机构占全国比重",将"互联网宽带接入端口"替换为"互联网宽带接入端口占全国比重"。将新测算的文化资源水平指数代入模型(5-1),回归结果如表 5-4 中列(2)所示,结果表明文化资源的一阶系数为 -0.353,二阶系数为 0.103,都通过了 1% 的显著性水平检验,说明文化资源与文化产业 TFP 存在非线性的"U"型关系,这个结论表明前文结果具有一定的稳健性。

(3)删除 2019 年样本。考虑到 2018 年原文化部和国家旅游局合并为文化和旅游部后,样本数据对回归结果带来的干扰,本章将改变样本范围,剔除部门改革后 2019 年的数据,重新检验文化资源对文化产业 TFP 的影响。如表 5-4 中列(3)所示,回归结果与基本回归相一致,综合结论表明,目前文化资源对文化产业 TFP 的负向影响和"U"型关系的结论是稳健的。

(4)替换检验模型。在基准回归模型检验中,本章研究使用稳健标准误处理了异方差的问题,但广义最小二乘法(FGLS)估计最有效率,且考虑了组内自相关、组间异方差和同期期相关这三个因素,因此本章研究进一步采用固定面板广义最小二乘法,对基准模型进行检验。回归结果如表 5-4 中列(4)所示,结果与双向固定效应模型估计一致,表明本章研究结论具有稳健性。

(5)替换被解释变量的度量方法。目前,DEA 和 SFA 模型都是测算 TFP 最为广泛的方法,但是传统 DEA 模型无法解决投入或产出的非零松弛问题,会高估决策单元的效率，为了克服传统 DEA 模型的缺陷，托恩（Tone，2001）提出了 DEA-SBM 模型，将松弛变量加入 DEA 模型，用来解决投入产出的松弛性，以及角度和径向选择带来的模型估计偏差问题。故本章研究使用 DEA-SBM 模型对文化产业 TFP 进行重新测算，并进行实证检验。检验结果如表 5-4 中列（5）所示，一阶文化资源对文化产业 TFP 的影响系数在 1% 的水平上显著为负，二阶影响系数显著为正，表明文化资源对文化产业 TFP 存在"U"型非线性影响。总体来看，主要变量的符号和显著性水平与基准模型基本一致，说明研究结论具有良好的稳健性。

5.2.3 内生性检验

虽然模型（5-2）以及 GMM 检验减少了内生性问题对实证结果的干扰，为了更加稳健地验证研究结论，本节将使用工具变量法解决研究的内生性问题。合适的工具变量需要满足相关性和外生性，即可以解释文化资源的变化，但对文化产业 TFP 没有直接或间接途径的影响。文化资源是长期形成和积累的资源，因此在选择工具变量时，本章研究主要从历史和地理角度出发，试图寻找与文化资源形成相关，但与产业发展没有直接影响的工具变量。

通过分析文化资源的形成特点，研究发现文化资源内含大量隐性知识和非物质文化遗产，这与人文积淀存在一定关系，但人文历史数据无法直接影响文化产业 TFP。因此，本章选择各省份清代的状元人数[1]（zy）这一历史数据作为文化资源的工具变量，选择的原因是，自隋唐起至清光绪三十一年（1905 年）科举考试既是我国历代封建政府选拔人才的主要途径，也是中华民族的杰出创造，该制度极大推动了社会文化发展，对知识普及和文化溢出具有重要作用。因此，状元人数可以很好地反映地区的人文积淀和文化氛围，

---

[1] 状元人数数据来源于侯福兴主编的《中国历代状元传略》。

而清代最接近现代建制，且与现存文化资源关系最为紧密。由于研究使用的是均衡面板数据，只采用清代数据作为工具变量无法进行固定效应模型检验，为此，本章研究借鉴纳恩和钱（Nunn & Qian，2014）设置工具变量的思路，构造了清代状元人数和各省份人数占全国比例（与时间有关）的交互项，作为文化资源的工具变量。

为了同时检验加入文化资源二次项的非线性模型，本章还选择了上一年人口密度（pop）作为第二个工具变量。文化地理学认为，文化资源的形成与地理自然条件、人口分布有着紧密的关系，自古以来，人类都是逐水草而居，人口密集的区域往往意味着温润的气候条件、沃野千里的耕地和广阔丰饶的流域，这种适宜人类居住的区域，久居其地会形成丰富的文化资源，因此，可以说文化资源的变迁就是人口迁徙的历史，地区人口密度反映了该地区文化资源的积累水平。另外，人口分布不能直接影响文化产业 TFP 的发展，故本章选择人口密度作为文化资源的另一个工具变量。

内生性检验的回归结果如表 5-5 所示，Cragg-Donald Wald 检验统计量分别为 20.283 和 11.047，大于临界值，且第一阶段 F 统计量为 10.04，说明不存在弱工具变量的问题。第二阶段估计结果显示，文化资源对文化产业 TFP 具有显著的负向线性影响，以及"U"型关系，结果与基本回归一致，表明本章研究具有稳健性。

表 5-5 工具变量回归结果

变量	(1) 第一阶段	(2) 第一阶段	(3) 第二阶段	(4) 第二阶段
zy	1.100 ** (0.479)	2.427 (2.322)		
pop	0.099 *** (0.030)	0.653 *** (0.209)		

续表

变量	（1）	（2）	（3）	（4）
	第一阶段	第一阶段	第二阶段	第二阶段
culture			−0. 155 * （0. 086）	−1. 581 *** （0. 054）
culture^2				0. 248 *** （0. 216）
fd	0. 383 （0. 457）	3. 009 （2. 299）	0. 685 *** （0. 203）	0. 332 （0. 429）
rd	−0. 007 （0. 005）	−0. 034 （0. 027）	0. 009 *** （0. 003）	0. 006 ** （0. 003）
market	0. 208 （0. 182）	2. 045 * （0. 936）	0. 234 *** （0. 082）	0. 057 （0. 095）
city	2. 150 *** （0. 705）	9. 833 ** （3. 593）	−1. 236 *** （0. 365）	−0. 325 （0. 095）
ln*rgdp*	−0. 118 （0. 075）	−0. 564 （0. 394）	−0. 018 （0. 041）	−0. 018 （−0. 049）
ln*edu*	0. 202 （0. 309）	−0. 242 （1. 625）	0. 292 （0. 196）	0. 749 *** （0. 235）
_*cons*	−5. 101 ** （2. 212）	−15. 000 （10. 692）	0. 006 （0. 663）	0. 671 （0. 717）
N	210	210	210	210
R^2	—	—	0. 805	0. 760
Cragg-Donald Wald F	—	—	20. 283	11. 047
个体固定效应	YES	YES	YES	YES
时间固定效应	YES	YES	YES	YES

注：括号内为稳健标准误，*** 、** 、* 分别表示在1%、5%和10%的水平上显著。

5.2.4 异质性分析

5.2.4.1 不同文化资源对文化产业 TFP 的影响

表 5-6 报告了不同文化资源对文化产业 TFP 影响的回归结果。可以看出，五种文化资源对文化产业 TFP 发展存在明显的异质性影响。具体来看，只有文化旅游资源通过了非线性检验，如表 5-6 中列（4）所示，文化旅游资源一阶系数显著为负，二阶系数显著为正，即当文化旅游资源水平小于临界值时，开发文化旅游资源不利于文化产业 TFP 的提升，当文化旅游资源水平跨越临界点后，提升文化旅游资源水平，会促进文化产业 TFP 进步。通过测算，文化旅游资源的拐点是 0.511，均值是 0.146，表明现阶段文化旅游资源位于拐点左侧，且与拐点存在较大距离，文化旅游资源正处于"资源诅咒"阶段。在文化旅游资源形成初期，其对文化消费市场及文化要素市场的吸引力较弱，且维护和融合成本高昂，随着文化旅游资源的不断累积，当文化旅游资源水平达到临界点后，旅游资源转化的经济价值和文化价值才能体现效益，获得要素市场的青睐，吸引资金流、客流、信息流等生产要素进入文化服务部门，降低文化生产成本，提高文化产业 TFP。使用 Utest 检验的 P 值是 0.055，拒绝线性和倒"U"型的原假设，进一步证明了文化旅游资源对文化产业 TFP 存在"U"型影响。

表 5-6　　　细分文化资源对文化产业 TFP 影响的回归结果

变量	文化创新资源		文化旅游资源		文化设施资源	
	（1）	（2）	（3）	（4）	（5）	（6）
culture	0.098 **	- 0.167	- 0.004	- 0.848 *	- 0.025	- 0.591
	(0.044)	(0.396)	(0.116)	(0.494)	(0.081)	(0.377)

变量	文化创新资源		文化旅游资源		文化设施资源	
	(1)	(2)	(3)	(4)	(5)	(6)
$culture^2$		0.155 (0.221)		0.829* (0.430)		0.514* (0.302)
fd	0.592* (0.336)	0.572* (0.333)	0.596* (0.341)	0.604* (0.329)	0.595* (0.348)	0.520 (0.345)
rd	0.011** (0.004)	0.011** (0.004)	0.010** (0.004)	0.010** (0.004)	0.010** (0.004)	0.010** (0.004)
$market$	0.196** (0.093)	0.191** (0.092)	0.206** (0.095)	0.226** (0.100)	0.204** (0.096)	0.179* (0.094)
$city$	−1.618*** (0.434)	−1.624*** (0.439)	−1.572*** (0.440)	−1.467*** (0.429)	−1.572*** (0.443)	−1.548*** (0.425)
$lnedu$	0.219 (0.241)	0.226 (0.240)	0.227 (0.241)	0.187 (0.249)	0.231 (0.239)	0.275 (0.237)
$lnrgdp$	−0.008 (0.053)	−0.006 (0.053)	−0.007 (0.053)	−0.014 (0.052)	−0.007 (0.052)	−0.006 (0.051)
$\_cons$	−0.301 (0.878)	−0.212 (0.843)	−0.304 (0.876)	−0.047 (0.844)	−0.303 (0.888)	−0.202 (0.879)
N	210	210	210	210	210	210
R^2	0.305	0.311	0.300	0.297	0.297	0.308
拐点		0.539		0.511		0.575
Utest 检验		0.402		0.055		0.074
Slope		[−0.063, 0.196]		[−0.632, 0.402]		[−0.401, 0.311]
曲线关系	—	—	—	U 型	—	—
个体固定效应	YES	YES	YES	YES	YES	YES
时间固定效应	YES	YES	YES	YES	YES	YES

续表

变量	文化遗产资源		文化信息化资源	
	(7)	(8)	(9)	(10)
culture	0.155 (0.126)	−0.359 (1.006)	−0.182 *** (0.060)	−0.673 * (0.3408)
$culture^2$		0.660 (1.197)		0.715 (0.450)
fd	0.582 (0.344)	0.539 (0.334)	0.634 * (0.338)	0.595 * (0.336)
rd	0.010 ** (0.004)	0.010 ** (0.005)	0.010 ** (0.004)	0.009 ** (0.004)
market	0.186 * (0.094)	0.176 * (0.091)	0.234 ** (0.094)	0.193 * (0.101)
city	−1.663 *** (0.449)	−1.656 *** (0.456)	−1.445 *** (0.418)	−1.295 *** (0.404)
lnedu	0.238 (0.246)	0.266 (0.242)	0.236 (0.240)	0.280 (0.247)
lnrgdp	−0.001 (0.053)	0.002 (0.053)	−0.008 (0.051)	0.006 (0.050)
_cons	−0.353 (0.917)	−0.323 (0.903)	−0.408 (0.838)	−0.600 (0.847)
N	210	210	210	210
R^2	0.301	0.304	0.317	0.330
拐点		0.272		0.471
Utest 检验		0.374		0.249
Slope		[−0.278, 0.376]		[−0.555, 0.111]
曲线关系	—	—	—	—
个体固定效应	YES	YES	YES	YES
时间固定效应	YES	YES	YES	YES

注：括号内为稳健标准误，*** 、** 、* 分别表示在 1% 、5% 和 10% 的水平上显著。

另外，从列（1）和列（9）可以看出，文化创新资源系数显著为正，文化信息化资源系数显著为负，而列（2）和列（8）中两者非线性回归系数均没有通过显著性水平检验，这说明文化创新资源和文化信息化资源对文化产业 TFP 的影响是线性的，不存在"先扬后抑"或"先抑后扬"的变化。现阶段文化信息化资源还处于探索发展期，对文化产业 TFP 的促进作用尚未显现，且受技术中介使用范围的限制，文化产业内传统文化行业和新型创意行业间的文化信息资源使用存在差异，因此文化产业内各行业间的"数字鸿沟"降低了文化产业整体的 TFP 水平。文化创新资源则对文化产业 TFP 呈现出显著的促进作用，通过激励文化产业技术效率和技术进步，进而实现文化产业的效率变革。

5.2.4.2　分样本不同地区文化资源对文化产业 TFP 的影响

分地区文化资源对文化产业 TFP 影响的回归结果如表 5-7 所示，东部地区文化资源的一阶和二阶系数均通过 1% 的显著性水平检验，Utest 检验的 P 值为 0.065，Slope 区间是 ［-0.327，0.035］，综合判断研究认为，东部地区文化资源对文化产业 TFP 存在"U"型影响。通过测算，东部地区文化资源的拐点是 3.243，平均值是 2.143，即资源处于"U"型曲线拐点的左侧，目前文化资源水平的提高对文化产业 TFP 呈负向抑制作用。中部地区文化资源对产业 TFP 的一次项和二次项回归系数分别为 0.116 和 -0.059，均未通过显著性水平检验，说明该地区文化资源对文化产业 TFP 不存在非线性影响。如第 4 章分析，中部地区文化资源水平较为均衡，文化资源更新和再生动力不足，缺乏特色鲜明、优势明显的文化资源，因此难以吸引资本、劳动力和技术的流入，导致该地文化产业发展迟滞，文化资源对该地区文化产业 TFP 的影响有限。西部地区文化资源一阶回归系数显著为负，二阶回归系数显著为正，表明西部地区文化资源对文化产业 TFP 存在显著的非线性影响。Utest 检验 P 值为 0.049，拒绝线性或者倒"U"型的原假设，即西部地区的文化资源和文化产业 TFP 之间存在显著的"U"型关系。通过进一步计算，得到"U"型曲线的拐点为 1.883，文化资源的平均值是 1.552，处于拐点左侧，且比较靠近拐点。

表 5-7　　　　　　　分地区文化资源对文化产业 TFP 影响的回归结果

变量	(1)	(2)	(3)
	东部	中部	西部
culture	-0.472***	0.116	-1.536**
	(0.107)	(0.430)	(0.547)
$culture^2$	0.073***	-0.059	0.408**
	(0.018)	(0.103)	(0.171)
fd	-0.353*	1.601**	1.191**
	(0.183)	(0.553)	(0.513)
rd	0.005**	0.001	0.012**
	(0.002)	(0.005)	(0.004)
market	0.049	0.211	0.367
	(0.100)	(0.147)	(0.468)
city	-0.534*	-2.648***	1.328
	(0.269)	(0.761)	(2.155)
lnedu	-0.314	0.742***	0.734*
	(0.176)	(0.201)	(0.390)
lnrgdp	-0.030	0.180*	-0.361*
	(0.036)	(0.088)	(0.190)
_cons	2.235***	-3.763***	1.507
	(0.515)	(1.077)	(1.475)
N	84	63	63
R^2	0.758	0.715	0.510
拐点	3.243	—	1.883
Utest 检验	0.065	—	0.049
Slope	[-0.327, 0.035]	—	[-0.726, 1.306]

变量	（1）	（2）	（3）
	东部	中部	西部
曲线关系	U 型	—	U 型
个体固定效应	YES	YES	YES
时间固定效应	YES	YES	YES

注：括号内为稳健标准误，***、**、*分别表示在1%、5%和10%的水平上显著。

对比全国样本和各地区的文化资源平均值与拐点差距，可以看出西部地区文化资源的平均水平与拐点距离较近，说明该地区文化产业比其他地区更快越过拐点，进入"资源恩赐"阶段。大力发展文化产业是西部地区实现追赶超越的重要机遇，西部地区应该从发展现代文化产业、提高文化产业效率入手，抢占创新发展的制高点，将文化产业发展成为推动西部地区经济社会进步的动力引擎。

5.3 文化资源对文化产业 TFP 影响的门槛特征分析

5.3.1 模型选择

第5.2节实证检验了文化资源对文化产业 TFP 的非线性影响，本节将采用非动态面板门槛回归模型，进一步分析该影响的门槛特征。非动态面板门槛回归模型由汉森（Hansen，1999）提出，该模型通过严格的统计推断方法，对门槛值进行参数估计与检验假设，不仅可以判断是否存在门槛效应，还可以测算门槛数量和具体的门槛值。固定效应门槛回归模型的一般形式是：

$$\begin{cases} y_{it} = \mu_i + \beta_1' x_{it} + \varepsilon_{it}, & 若\ q_{it} \leqslant \gamma \\ y_{it} = \mu_i + \beta_2' x_{it} + \varepsilon_{it}, & 若\ q_{it} > \gamma \end{cases} \tag{5-4}$$

其中，y_{it} 是方程的被解释变量，x_{it} 为外生解释变量，q_{it} 为门槛变量，γ 为待估计的门槛值，扰动项 ε_{it} 为独立同分布，与扰动项不相关。

依次对门槛值 γ 在门槛范围内进行筛选，利用 OLS 方法对式（5-4）进行回归估计，可以得到多个不同的残差平方和 $S_1(\gamma)$，其中残差平方和 $S_1(\gamma)$ 最小的就是门槛值 γ^*：

$$\gamma^* = \mathrm{argmin} S_1(\gamma) \tag{5-5}$$

确定门槛值以后，残差平方方程为：

$$\sigma^2 = S_1(\gamma^*) / [n(T-1)] \tag{5-6}$$

其中，n 为样本，T 为时间跨度。在估计出门槛值和斜率值 $\beta' = \beta(\gamma)$ 的基础上，首先检验门槛效应的显著性，即确定门槛值两侧的样本模型估计参数是否显著不同。

检验是否存在门槛效应的原假设是，$H_0: \beta_1 = \beta_2$，如果拒绝原假设，则是非线性模型，模型存在门槛效应。同时，构建 LM 统计量：

$$F = \frac{S_0 - S_1(\gamma)}{\sigma^2} \tag{5-7}$$

其中，S_0 和 S_1 分别是门槛条件下和非门槛条件下参数估计得到的残差平方和，σ^2 是原假设条件下得到的残差平方和，即对扰动项方差的一致估计。由于原假设条件下，参数 γ 值是不可识别的，所以 F 统计量呈现非标准正态分布。此时，采用自抽样法，通过模拟渐进分布检验门槛效应的显著性。

在确定模型具有门槛效应后，要进一步检验估计值的真实性。检验 $H_0:$ $\gamma = \gamma_0$ 的原假设，同时构建似然比统计量：

$$LR(\gamma) \equiv [ssr(\gamma) - ssr(\hat{\gamma})] / \hat{\sigma}^2 \tag{5-8}$$

与式（5-7）LM 统计量一样，LR 也不服从标准正态分布，但依据汉森的拒绝域公式，可以判断拒绝原假设的条件。

5.3.2　模型设定及变量选择

本节将构建如下面板门槛模型，用来检验并测算文化资源对文化产业 TFP 影响的门槛效应及门槛值，具体模型如下所示：

$$tfp_{it} = \alpha_0 + \alpha_1 culture_{it} \cdot I(q \leq \gamma_1) + \alpha_2 culture_{it} \cdot I(\gamma_1 \leq q < \gamma_2)$$
$$+ \alpha_3 culture_{it} \cdot I(q \geq \gamma_2) + \alpha_4 X_{it} + \mu_i + \eta_t + \varepsilon_{it} \tag{5-9}$$

其中，tfp 为被解释变量，i 代表地区，t 代表时间，$I(\cdot)$ 为指示函数，若其后表达式为真，取值为 1，反之取 0；γ 为门槛值，其他变量含义与第 5.2 节相同。

由第 3 章理论分析可以发现，文化资源对文化产业 TFP 的影响与生产要素替代弹性即要素结构有关，在要素配置结构的两侧，文化资源对文化产业 TFP 的影响不同，由此可见，要素结构是影响文化资源和文化产业 TFP 关系的重要因素。除此以外，国内外诸多学者研究表明，制度是经济发展的原动力，资源对生产率的作用取决于制度的质量，好的制度不但能解决"资源诅咒"，还能让资源促进生产率的进步（Mehlum，2006；Boschini，2007；郑义和秦炳涛，2016）。因此，本节选择文化产业要素配置以及制度质量作为文化资源影响文化产业 TFP 的门槛变量，进行门槛效应检验。具体使用文化产业资本劳动比表示要素配置结构，使用财政分权来代表制度质量。

5.3.3　检验结果

5.3.3.1　门槛变量——要素结构

以要素结构为门槛解释变量的检验结果如表 5-8 所示，通过 Bootstrap 反复抽样 300 次得到的结果显示，单一门槛和双重门槛都通过显著性检验，门槛估计值（见表 5 - 9）均存在于置信区间内，表明存在双重门槛效应。似然比函数如图 5 - 1 所示。

表 5 - 8 门槛模型（要素结构）检验结果

模型	要素结构					
	F 统计量	P 值	BS 次数	10% 临界值	5% 临界值	1% 临界值
单一门槛	34. 81	0. 0000	300	18. 0507	20. 2984	24. 3451
双重门槛	20. 46	0. 0700	300	18. 8643	22. 8477	34. 0731
三重门槛	17. 10	0. 2133	300	23. 1959	30. 1080	44. 9348

表 5 - 9 门槛值（要素结构）结果

模型	门槛估计值	95% 置信区间下界	95% 置信区间上界
单一门槛	2. 7439	2. 5712	2. 8129
双重门槛	1. 6087	1. 5694	1. 6179

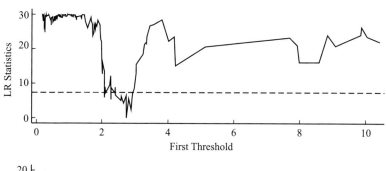

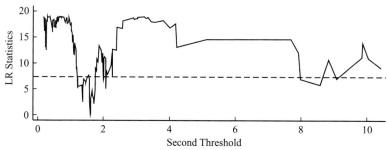

图 5 - 1 要素结构门槛值和置信区间

5.3.3.2　门槛变量——制度质量

本节根据汉森（Hansen，1999）的方法，对模型（5-9）进行估计，得到制度质量门槛效应的检验结果，如表5-10所示。通过 Bootstrap 反复抽样300次得到的结果显示，当制度质量作为门槛变量时，存在单一门槛效应。由表5-11可知，在95%置信区间内单一门槛的门槛值为0.937，以制度质量为门槛变量的似然比函数如图5-2所示。

表5-10　　　　　　　　　文化资源门槛效应检验——制度质量

模型	制度质量					
	F 统计量	P 值	BS 次数	10% 临界值	5% 临界值	1% 临界值
单一门槛	36.80	0.0000	300	16.5253	18.3466	23.3678
双重门槛	6.52	0.8967	300	24.5280	31.5278	35.8531

表5-11　　　　　　　　　文化资源门槛值（制度质量）结果

模型	门槛估计值	95% 置信区间下界	95% 置信区间上界
单一门槛	0.9370	0.8873	0.9762

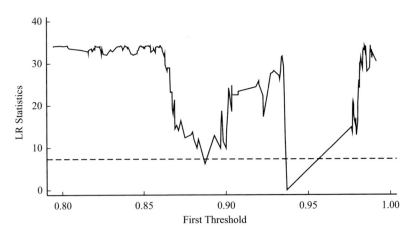

图5-2　制度质量门槛值和置信区间

5.3.4 回归结果分析

表 5 - 12 报告了要素结构和制度质量的门槛模型的回归结果。如列（1）所示，在门槛值以前，要素结构对文化产业 TFP 的影响系数为负但不显著，表明在固定资产和劳动力投入比例较低的地区，文化资源对文化产业 TFP 存在一定的抑制性影响；当越过第一道门槛，即固定资产投入和劳动力投入比例提高后，文化资源系数明显下降到 - 0.086，且提高到 5% 的显著性水平，说明相对劳动力投入，增加固定资产，文化资源对文化产业 TFP 的抑制效应将大幅增加；当越过第二道门槛时，要素配置系数进一步下降到 - 0.118，显著性水平提高到 1%。这意味着，随着资本劳动比例提升，文化资源对文化产业 TFP 的负向影响将进一步加剧。作为"轻资产，重创意"的文化产业，固定资产投资高于劳动力投入，将限制文化人力资本对外部文化资源的利用，恶化文化资源诅咒问题。

表 5 - 12 门槛效应回归结果

变量	(1) 要素结构	(2) 制度质量
fd	0.636 ** (0.278)	0.207 (0.226)
$city$	0.008 (0.005)	0.011 ** (0.004)
rd	0.144 (0.094)	0.203 ** (0.091)
$market$	- 1.027 *** (0.332)	- 0.923 *** (0.334)
$lnrgdp$	0.352 (0.232)	0.401 * (0.201)

续表

变量	（1）	（2）
	要素结构	制度质量
$lnedu$	-0.029 (0.049)	-0.067 (0.044)
$culture$ $(I < \gamma_1)$	-0.059 (0.036)	-0.172^{***} (0.041)
$culture$ $(\gamma_2 > I \geqslant \gamma_1)$	-0.086^{**} (0.037)	-0.106^{***} (0.034)
$culture$ $(I \geqslant \gamma_2)$	-0.118^{***} (0.042)	
$\_cons$	-0.503 (0.696)	0.233 (0.634)
N	210	210
R^2	0.446	0.424
个体固定效应	YES	YES
时间固定效应	YES	YES

注：括号内为稳健标准误，***、**、*分别表示在1%、5%和10%的水平上显著。

列（2）展示了制度质量作为门槛变量的回归结果。结果显示，在门槛值前后，文化资源系数都达到了1%的显著性水平，当制度质量小于门槛值0.937时，文化资源对文化产业TFP的影响系数为 -0.172；当制度质量大于0.937时，文化资源的影响系数显著提高到 -0.106，这意味着制度质量在文化资源和文化产业TFP之间具有明显的门槛效应。在门槛效应影响下，文化资源对文化产业TFP的抑制性影响显著改善，表明提高财政分权制度水平，将促进文化资源利用效率，释放文化资源经济和社会价值，缓解文化资源对文化产业TFP的抑制作用。

5.4 本章小结

本章基于我国 30 个省份的样本数据构建了静态和动态面板数据模型，实证检验了文化资源对文化产业 TFP 的影响。在此基础上，进一步使用静态面板门槛模型验证了两者非线性关系的门槛特征。研究结果如下所述。

第一，现阶段，文化资源对文化产业 TFP 存在"U"型非线性影响，"资源诅咒"和"资源恩赐"存在有条件的转化。经测算，目前文化资源处于"U"型拐点的左侧，随着文化资源水平的提升，文化资源优势逐步转化为产业发展优势，吸引消费市场和要素市场资源流入文化部门，进而促进文化产业 TFP 进步。动态面板模型回归结果表明，文化产业 TFP 具有显著的正向积累效应，上一期文化产业 TFP 将显著推动滞后期 TFP 进步。

第二，异质性回归结果表明，细分文化资源对文化产业 TFP 的影响存在结构性差异。其中，文化创新资源可以促进文化产业 TFP 的提高，具有明显的"资源恩赐"作用，现阶段文化信息化资源对文化产业 TFP 存在较为显著的"资源诅咒"，是拖累文化"资源恩赐"的主要原因。文化旅游资源对文化产业 TFP 存在明显的"先抑后扬"的变化趋势，文化设施资源和文化遗产资源对文化产业 TFP 的影响作用有限。从区域异质性视角来看，东部和西部地区的文化资源与文化产业 TFP 之间具有显著的"U"型关系，且距离拐点较近。

第三，从控制变量的回归结果来看，随着技术中介在文化产业中的深度使用和融合，研发投入成为促进文化产业 TFP 发展的重要因素。研发投入强度提升了文化产业的创新能力和技术水平，显著推动了文化产业 TFP 的发展。市场化水平可以改善文化产业面临的融资约束和要素价格扭曲等问题，有利于文化产业 TFP 进步。制度质量提高了政府财政效率，对文化产业发展具有显著的推动作用。鉴于文化企业对生产成本的敏感性，城市化进程提高了文化产业的生产成本，抑制了文化产业 TFP 进步。

第四，要素配置和制度质量在文化资源影响文化产业 TFP 的过程中分别存在双门槛和单一门槛效应。提高资本劳动比，文化资源对文化产业 TFP 的抑制作用会显著提升，表明相对于劳动力要素，固定资产的过度投入不利于文化产业 TFP 的提高。提高制度质量，将削弱文化资源对文化产业 TFP 的"资源诅咒"效应，表明制度分权有助于文化资源彰显价值，发挥文化资源对文化产业 TFP 的促进作用。

第 6 章

文化资源对文化产业 TFP
影响机制的实证检验

前文在系统测算文化资源水平和文化产业 TFP 的基础上，实证检验了文化资源对文化产业 TFP 的非线性影响，为厘清文化资源对文化产业 TFP 的作用机制，探究影响过程中政府支持的作用，本章将在理论分析框架下，对文化资源影响文化产业 TFP 的作用机制进行深入研究。

6.1 研 究 设 计

6.1.1 模型设定和变量选取

目前，中介效应模型是研究自变量和因变量

作用机制的主要方法，理论分析发现，文化资源可以通过文化人力资本变动和文化企业集群，进而影响文化产业 TFP。基于此，本章将选择中介模型（mediated model），通过构建递归方程，逐步检验文化资源对文化产业 TFP 的影响机制：

$$tfp_{it} = \alpha_0 + \alpha_1 culture_{it} + \alpha_2 culture_{it}^2 + \alpha_3 X_{it} + \mu_i + \eta_t + \varepsilon_{it} \qquad (6-1)$$

$$M_{it} = \gamma_0 + \gamma_1 culture_{it} + \gamma_2 culture_{it}^2 + \gamma_3 X_{it} + \mu_i + \eta_t + \varepsilon_{it} \qquad (6-2)$$

$$tfp_{it} = \beta_0 + \beta_1 culture_{it} + \beta_2 culture_{it}^2 + \beta_3 M_{it} + \beta_4 X_{it} + \mu_i + \eta_t + \varepsilon_{it}$$

$$(6-3)$$

式（6-1）是第 5 章基准回归模型，tfp 是被解释变量，表示文化产业 TFP；$culture$ 是核心解释变量——文化资源；M 是中介传导变量，即文化人力资本变动和文化企业集群；X 是控制变量，包括制度质量、研发投入、市场化水平、城市化水平、劳动力质量和人均 GDP 水平。其中，α_1 和 α_2 是文化资源对文化产业 TFP 的总效应；β_1 和 β_2 是文化资源对文化产业 TFP 的直接效应；γ_1 和 γ_2 是文化资源对中介变量的效应；β_3 是控制了文化资源的影响后，中介变量对文化产业 TFP 的影响；$\gamma_1 \times \beta_3$、$\gamma_2 \times \beta_3$ 是文化资源经过中介传导变量对文化产业 TFP 的间接效应。

根据温忠麟和叶宝娟（2014）中介效应逐步回归检验法，本章检验中介机制的步骤是在第 5 章基准回归模型的基础上进行的，具体判断中介机制的标准是：

（1）若系数 γ_1、γ_2 和 β_3 均显著，则中介机制成立；如果 β_1 和 β_2 的系数不显著，说明存在完全中介效应，如果显著，则存在部分中介效应；

（2）若系数 γ_1 和 β_3、γ_2 和 β_3 至少一组有一个不显著，则需用 Bootstrap 法进行检验，如果显著，则存在中介效应，传导机制成立；如果不显著，则不存在中介机制。

6.1.2 数据说明和描述性统计

6.1.2.1 被解释变量

文化产业全要素生产率（*tfp*）。数据来源于第 4 章测算所得，具体计算过程及数据与第 4 章一致，在此不再赘述。

6.1.2.2 解释变量

（1）文化资源（*culture*）。数据见第 4 章测算，具体计算过程及指标与前文一致。

（2）文化人力资本变动（*laborflow*）。目前，衡量劳动力和人力资本变动的主要指标：一是通过城乡间人口流动来反映劳动力流动变化，即地区净流入人口占总人口的比重（王婷等，2020）；二是在地区人口总变动减去全国平均变动的基础上，提出影响地区总人口变动的自然增长因素，即人口机械增长率（林理升和王晔倩，2006）；三是基于劳动力就业的变动，利用地区就业人数占地区总人口的比重衡量劳动力流动强度，即就业人口强度（房逸靖和张治栋，2021）。文化产业的人力资本变动主要表现为产业间人力资本的相互移动以及产业内企业间的人力资本转移，基于数据的可得性和科学性，为了综合性地衡量文化产业的人力资本变动情况，本章研究借鉴地区人口机械增长率的思路，使用地区文化及相关产业职工人数变动率减去该地区全部行业职工人数变动率，以反映文化产业的文化人力资本变动情况。

（3）文化企业集群（*agg*）。企业是各项经济资本的集合，也是产业发展的原动力和基础。文化产业的发展归根结底是文化企业的不断进步。因此，政府基于文化资源的比较优势，实施有针对性的支持政策，通过吸引资金流、人才流和物流聚集，并形成一定规模的文化企业，最终推动地方文化产业进步。本章研究借鉴蔡庆丰等（2021）的研究思路，使用地区规模以上文化及相关企业数量的自然对数作为文化企业集群效应的代理变量。

6.1.2.3 控制变量

为保证研究的一致性，本章的控制变量与第 5 章一致，具体的测算方法和数据来源不变，在此不再赘述。

本章使用变量的统计性描述如表 6 – 1 所示。

表 6 – 1   变量统计性描述

变量	观察值	平均值	标准差	最小值	最大值
全要素生产率（tfp）	210	– 0.037	0.083	– 0.337	0.179
文化资源（culture）	210	1.879	0.561	0.993	3.485
制度质量（fd）	210	0.895	0.064	0.793	0.993
研发投入（rd）	210	0.340	0.380	0.0004	1.429
市场化水平（market）	210	0.680	0.145	0.355	0.917
城镇化水平（city）	210	0.587	0.116	0.378	0.896
劳动力质量（lnedu）	210	2.645	0.144	2.330	2.907
人均 GDP（lnrgdp）	210	10.885	0.410	10.050	12.009
文化企业集群（agg）	210	6.767	1.341	3.434	9.181
财政支持（fin）	210	12.224	0.601	10.547	13.839
体制支持（pro）	210	0.050	0.045	0.001	0.219
营商环境（env）	210	1.924	0.640	1.023	4.372

6.2 文化资源对文化产业 TFP 影响的
文化人力资本变动机制检验

6.2.1 回归结果分析

表 6 - 2 报告了文化人力资本变动机制的相关回归结果。列（1）基准回归结果显示，文化资源与文化产业 TFP 存在显著的"U"型影响关系，表明可以进行中介机制检验。列（2）和列（3）中一阶和二阶文化资源系数，以及文化人力资本变动系数均通过显著性水平检验，表明中介效应显著。经计算，一阶和二阶文化资源的中介效应分别为 - 0.079 和 0.014，与列（3）中一阶、二阶文化资源的直接效应 - 0.547 和 0.089 的符号相同，说明文化人力资本变动在文化资源与文化产业 TFP 的非线性关系中存在部分中介效应，这验证了假设 2，表明文化资源可以通过文化人力资本变动机制影响文化产业 TFP。具体来看，列（2）中一阶文化资源系数为 - 0.993，二阶系数为 0.174，说明文化资源对文化人力资本变动具有"U"型影响，即存在"欲扬先抑"的变化。表明只有当文化资源水平越过临界值后，才能促进文化人力资本的提高。原因可能在于，文化人力资本市场门槛较高，普通劳动力需要具有一定文化、艺术天赋和技能，才可以转化成为文化领域的人力资本。因此，文化资源需要提升多样性和价值水平，通过引发文化人力资本数量积累和行业间流向的变化，降低专用性文化人力资本成本价格，稳定文化生产结构，提高文化产业 TFP。

表6－2 文化人力资本变动机制检验

变量	（1）	（2）	（3）
	tfp	laborflow	tfp
laborflow			0.080 **
			(0.034)
culture	－0.627 ***	－0.993 ***	－0.547 ***
	(0.192)	(0.269)	(0.194)
culture²	0.103 ***	0.174 ***	0.089 **
	(0.033)	(0.044)	(0.033)
fd	0.469 *	0.349	0.441
	(0.272)	(0.278)	(0.267)
rd	0.009 **	－0.001	0.009 **
	(0.004)	(0.006)	(0.004)
market	0.138	－0.184	0.153
	(0.093)	(0.166)	(0.092)
city	－1.123 ***	－0.270	－1.101 ***
	(0.364)	(0.793)	(0.349)
lnedu	0.431 *	0.117	0.422 *
	(0.233)	(0.383)	(0.225)
lnrgdp	－0.009	0.207 ***	－0.026
	(0.049)	(0.074)	(0.050)
_cons	－0.057	－1.400	0.055
	(0.748)	(1.038)	(0.760)
N	210	210	210
R^2	0.380	0.264	0.402
个体固定效应	YES	YES	YES
时间固定效应	YES	YES	YES

注：括号内为稳健标准误，*** 、** 、* 分别表示在1%、5%和10%的水平上显著。

6.2.2 稳健性检验

6.2.2.1 使用中介变量交互项进行检验

为保证回归结果的稳健性和可靠性，本节将通过改变机制检验方法，进一步验证人力资本变动的中介机制。目前，除了使用中介效应模型进行机制检验以外，为了解决中介变量带来的内生性问题造成的估计偏误，部分学者开始使用核心解释变量和中介变量的交互项进行机制检验（余明桂等，2016），故本章将使用交互项构建机制检验模型：

$$tfp_{it} = \alpha_0 + \alpha_1 laborflow_{it} + \alpha_3 X_{it} + \mu_i + \eta_t + \varepsilon_{it} \qquad (6-4)$$

$$tfp_{it} = \alpha_0 + \alpha_1 laborflow_{it} + \alpha_3 cultrue_{it} \times laborflow_{it} + \alpha_4 cultrue_{it}^2 \times laborflow_{it}$$
$$+ \alpha_5 X_{it} + \mu_i + \eta_t + \varepsilon_{it} \qquad (6-5)$$

交互项机制检验的思路是，首先检验中介变量对文化产业 TFP 的影响，在此基础上，通过检验文化资源和文化人力资本变动交互项对文化产业 TFP 的影响效应，判断文化资源是否通过文化人力资本变动影响文化产业 TFP。交互项机制检验的回归结果如表 6-3 所示，列（2）显示文化人力资本，以及其和文化资源变动的交互项均通过了显著性水平检验，进一步证明文化人力资本变动是文化资源影响文化产业 TFP 的中介传导机制。从列（1）可以看出，文化人力资本变动对文化产业 TFP 存在显著的促进作用，比较增加人力资本中介效应的模型（6-3）、模型（6-5）和基准回归模型的检验结果发现，文化资源一阶系数得到了显著改善，二阶系数显著性略有下降，表明文化资源通过人力资本变动，引导文化产业要素集聚和流动，进而实现文化"资源恩赐"和"资源诅咒"作用的转化。

表 6 - 3 文化人力资本变动交互项机制稳健性检验

变量	(1)	(2)
	tfp	tfp
laborflow	0.112 *** (0.035)	0.768 ** (0.311)
culture × laborflow		- 0.558 * (0.286)
culture² × laborflow		0.106 * (0.061)
fd	0.530 (0.323)	0.470 (0.307)
rd	0.010 ** (0.004)	0.010 ** (0.004)
market	0.212 ** (0.089)	0.225 ** (0.083)
city	- 1.473 *** (0.406)	- 1.490 *** (0.393)
lnedu	0.249 (0.231)	0.208 (0.230)
lnrgdp	- 0.030 (0.052)	- 0.032 (0.051)
_cons	- 0.101 (0.874)	0.059 (0.877)
N	210	210
R²	0.340	0.362
个体固定效应	YES	YES
时间固定效应	YES	YES

注：括号内为稳健标准误，***、**、*分别表示在1%、5%和10%的水平上显著。

6.2.2.2　更换解释变量

本章使用文化产业就业人口强度作为文化人力资本变动的替代变量进行稳健性检验。如表 6-4 所示，列（1）和列（2）中文化资源的一阶和二阶系数，以及文化人力资本变动系数均通过 1% 的显著性水平检验，表明存在显著的中介效应。经计算，一阶和二阶文化资源的中介效应分别为 -0.089 和 0.016，与文化资源直接效应 -0.538 和 0.087 的系数符号相同，说明文化人力资本变动在文化资源与文化产业 TFP 的"U"型关系中存在部分中介效应，文化资源可以通过文化人力资本变动机制影响文化产业 TFP。这个结论与前文一致，表明文化人力资本变动的中介机制是稳健的。

表 6-4　　　　　　　　替换文化人力资本变动测度方式的稳健性检验

变量	(1)	(2)
	laborflow	*tfp*
laborflow		0.127 ***
		(0.042)
culture	-0.702 ***	-0.538 ***
	(0.162)	(0.187)
culture^2	0.124 ***	0.087 ***
	(0.028)	(0.031)
fd	0.461 *	0.410
	(0.245)	(0.254)
rd	-0.002	0.009 **
	(0.005)	(0.004)
market	-0.167	0.159 *
	(0.177)	(0.088)
city	-0.267	-1.089 ***
	(0.628)	(0.340)

续表

变量	(1)	(2)
	laborflow	*tfp*
ln*edu*	0.143 (0.328)	0.413 * (0.222)
ln*rgdp*	0.170 *** (0.061)	-0.031 (0.048)
_*cons*	-1.496 * (0.817)	0.133 (0.758)
N	210	210
R^2	0.245	0.416
个体固定效应	YES	YES
时间固定效应	YES	YES

注：括号内为稳健标准误，*** 、** 、* 分别表示在1%、5%和10%的水平上显著。

6.2.2.3 增加区域—年份固定效应

前文虽然通过更换机制检验模型和机制变量的方法进行了稳健性检验，但样本依旧面临不同时间趋势的影响问题，如前文所述，我国不同区域的文化资源和文化产业 TFP 均存在显著差异，区域文化资源可能随时间变化呈现不同的变化趋势。由于传统固定效应模型无法解决同时随时间变化和个体变化的不可观测变量带来的内生性问题，因此为进一步排除不同区域之间宏观因素不同带来的影响，本章研究借鉴薛飞和周民良（2022）的研究，在中介机制分步检验模型的基础上引入三大区域虚拟变量与年份虚拟变量的交互项，对文化人力资本变动机制进行多维固定效应的稳健性检验。由于控制了省份固定效应、地区虚拟变量和年份虚拟变量的交互项，导致估计参数过多，故使用白（Bai，2009）的方法对交互固定效应模型进行估计，回归结果如表 6 - 5 所示。

表 6 – 5　　考虑区域—年份固定效应的文化人力资本变动机制稳健性检验

变量	(1)	(2)	(3)
	tfp	*laborflow*	*tfp*
laborflow			0.076 **
			(0.033)
culture	− 0.562 ***	− 0.951 ***	− 0.499 ***
	(0.140)	(0.330)	(0.142)
culture^2	0.091 ***	0.161 **	0.080 ***
	(0.026)	(0.062)	(0.026)
fd	0.341	0.119	0.289
	(0.220)	(0.511)	(0.213)
rd	0.007 ***	− 0.000	0.007 ***
	(0.002)	(0.006)	(0.002)
city	− 0.748 *	0.347	− 0.702 *
	(0.401)	(0.983)	(0.411)
market	0.188 **	− 0.231	0.207 **
	(0.094)	(0.216)	(0.091)
lnedu	0.413 **	0.134	0.409 **
	(0.192)	(0.451)	(0.189)
lnrgdp	0.004	0.224 **	− 0.013
	(0.041)	(0.097)	(0.041)
_cons	− 0.306	− 1.725	− 0.188
	(0.593)	(1.402)	(0.589)
N	210	210	210
R^2	—	—	—
个体固定效应	YES	YES	YES
时间固定效应	YES	YES	YES
区域×时间固定效应	YES	YES	YES

注：括号内为稳健标准误，*** 、** 、* 分别表示在 1%、5% 和 10% 的水平上显著。

列（1）是对第5章基准回归模型的交互固定效应检验的结果，稳健性结果显示一阶文化资源系数显著为负，二阶文化资源系数显著为正，说明文化资源对文化产业 TFP 存在非线性的"U"型影响，这个结论与前文一致。列（2）和列（3）文化人力资本变动的中介机制检验结果显示，中介变量和文化资源系数都通过了显著性水平检验，这进一步表明本章研究文化人力资本变动机制的结论是稳健的。

6.2.3　进一步研究

为了探究文化人力资本变动对不同效率的中介传导机制，本章将技术效率、技术进步、配置效率和规模效率分别代入模型（6-1）、模型（6-2）和模型（6-3）进行文化人力资本变动中介机制检验，结果如表6-6所示，列（1）和列（7）中一阶文化资源系数均显著为负，二阶文化资源系数均显著为正，表明文化资源对文化产业技术效率和配置效率存在"U"型影响趋势，可以进行中介机制检验；列（4）和列（10）中一阶和二阶文化资源系数相异，但除了列（4）中一阶文化资源系数通过10%的显著性检验外，其他都没有通过显著性检验，表明文化人力资本变动在文化资源和技术进步、规模效率之间不存在中介效应。具体来看，列（3）中文化人力资本变动系数为0.001，但不显著，一阶和二阶文化资源系数均通过了显著性检验，需要进一步使用 bootstrap 检验判断技术效率是否存在文化人力资本变动机制，计算结果显示中介效应置信区间为［-0.003，0.001］，包含0，直接效应置信区间为［-0.016，-0.001］，不包含0，表明技术效率不存在文化人力资本变动机制。列（9）中，文化人力资本变动的回归系数显著为正，文化资源系数不显著，说明文化人力资本变动是要素配置效率的完全中介变量，文化资源通过引发文化人力资本变动，进而影响文化产业配置效率。

表 6 – 6   文化产业 TFP 细分效率的文化人力资本变动机制检验

变量	(1)	(2)	(3)	(4)	(5)	(6)
	TEC	laborflow	TEC	TC	laborflow	TC
laborflow			0.001 (0.001)			0.018 * (0.010)
culture	– 0.010 ** (0.004)	– 0.993 *** (0.269)	– 0.009 ** (0.004)	– 0.089 * (0.048)	– 0.993 *** (0.269)	– 0.071 (0.051)
culture^2	0.002 *** (0.001)	0.174 *** (0.044)	0.002 *** (0.001)	0.017 (0.011)	0.174 *** (0.044)	0.013 (0.011)
fd	0.009 (0.007)	0.349 (0.278)	0.009 (0.007)	0.254 *** (0.079)	0.349 (0.278)	0.248 *** (0.079)
rd	0.000 (0.000)	– 0.001 (0.006)	0.000 (0.000)	0.002 *** (0.001)	– 0.001 (0.006)	0.002 *** (0.001)
market	0.009 *** (0.003)	– 0.184 (0.166)	0.009 *** (0.003)	0.009 (0.030)	– 0.184 (0.166)	0.012 (0.029)
city	– 0.035 *** (0.012)	– 0.270 (0.793)	– 0.035 *** (0.012)	– 0.633 *** (0.163)	– 0.270 (0.793)	– 0.628 *** (0.158)
lnedu	0.007 * (0.004)	0.117 (0.383)	0.007 * (0.004)	0.027 (0.054)	0.117 (0.383)	0.024 (0.054)
lnrgdp	0.006 *** (0.001)	0.207 *** (0.074)	0.006 *** (0.001)	– 0.017 (0.014)	0.207 *** (0.074)	– 0.021 (0.014)
_cons	– 0.033 (0.020)	– 1.400 (1.038)	– 0.031 (0.021)	0.319 (0.192)	– 1.400 (1.038)	0.344 * (0.193)
N	210	210	210	210	210	210
R^2	0.875	0.264	0.877	0.886	0.264	0.889
个体固定效应	YES	YES	YES	YES	YES	YES
时间固定效应	YES	YES	YES	YES	YES	YES

续表

变量	（7）	（8）	（9）	（10）	（11）	（12）
	AEC	laborflow	AEC	SEC	laborflow	SEC
laborflow			0.085 **			−0.024
			（0.040）			（0.031）
culture	−0.416 *	−0.993 ***	−0.332	−0.111	−0.993 ***	−0.136
	（0.216）	（0.269）	（0.224）	（0.208）	（0.269）	（0.221）
culture^2	0.072 **	0.174 ***	0.057	0.013	0.174 ***	0.017
	（0.035）	（0.044）	（0.036）	（0.034）	（0.044）	（0.037）
fd	0.507 **	0.349	0.477 *	−0.301	0.349	−0.293
	（0.247）	（0.278）	（0.245）	（0.231）	（0.278）	（0.229）
rd	0.003	−0.001	0.003	0.003	−0.001	0.003
	（0.002）	（0.006）	（0.002）	（0.004）	（0.006）	（0.004）
market	0.209 **	−0.184	0.224 **	−0.088	−0.184	−0.093
	（0.086）	（0.166）	（0.083）	（0.065）	（0.166）	（0.065）
city	−0.966 **	−0.270	−0.943 **	0.512	−0.270	0.505
	（0.390）	（0.793）	（0.386）	（0.414）	（0.793）	（0.416）
lnedu	−0.031	0.117	−0.041	0.428	0.117	0.431
	（0.278）	（0.383）	（0.288）	（0.345）	（0.383）	（0.350）
lnrgdp	0.010	0.207 ***	−0.008	−0.008	0.207 ***	−0.003
	（0.053）	（0.074）	（0.055）	（0.039）	（0.074）	（0.043）
_cons	0.354	−1.400	0.473	−0.696	−1.400	−0.730
	（0.877）	（1.038）	（0.892）	（0.662）	（1.038）	（0.657）
N	210	210	210	210	210	210
R^2	0.360	0.264	0.372	0.214	0.264	0.215
个体固定效应	YES	YES	YES	YES	YES	YES
时间固定效应	YES	YES	YES	YES	YES	YES

注：括号内为稳健标准误，*** 、** 、* 分别表示在1%、5%和10%的水平上显著。

6.3 文化资源对文化产业 TFP 影响的
文化企业集群机制检验

6.3.1 回归结果分析

表 6 - 7 报告了文化企业集群机制的相关回归结果。列（2）中一阶文化资源系数显著为正，二阶文化资源系数显著为负，表明文化资源对文化企业集群存在倒 "U" 型影响；引入文化企业集群中介变量后，列（3）显示一阶和二阶文化资源系数，以及文化企业集群系数均通过 1% 的显著性水平检验，说明文化企业集群在文化资源与文化产业 TFP 的 "U" 型关系中存在部分中介效应，这验证了假设 3。具体来看，列（2）中一阶文化资源系数为 2.092，二阶系数为 - 0.363，说明文化资源对文化企业集群的影响存在 "欲抑先扬"的变化。这意味着，当文化资源水平越过临界值后，文化企业集群效应将随着文化资源水平的提升而降低，可能的原因是，早期文化产业 "资源租" 为企业带来超额收益，文化资源的经济价值吸引了文化企业集聚，随着文化资源水平的提高，地区间文化资源同质化导致 "资源租" 的超额效益下降，企业出现逆流。另外，品牌化的文化企业集群提高了 "品牌溢价"，这可能催升了集群内文化企业的运营成本，例如厂房租金和劳动力投入，随着集聚企业数量逐渐增多，加剧了文化企业间的竞争，故导致中小型文化机构的退出。列（3）显示，在文化企业集群的作用下，一阶文化资源系数为 - 0.759，二阶文化资源系数为 0.126，都通过了显著性水平检验，符号与列（2）中文化资源回归系数相反，表明文化企业集群存在一定的遮掩效应。

表6-7 文化企业集群机制检验

变量	(1)	(2)	(3)
	tfp	*agg*	*tfp*
agg			0.063 *** (0.022)
culture	- 0.627 *** (0.192)	2.092 ** (0.930)	- 0.759 *** (0.172)
culture^2	0.103 *** (0.033)	- 0.363 ** (0.152)	0.126 *** (0.031)
fd	0.469 * (0.272)	- 0.377 (0.895)	0.492 * (0.244)
rd	0.009 ** (0.004)	0.003 (0.011)	0.008 * (0.004)
market	0.138 (0.093)	- 0.171 (0.589)	0.149 (0.088)
city	- 1.123 *** (0.364)	3.195 (2.264)	- 1.325 *** (0.382)
ln*edu*	0.431 * (0.233)	- 0.374 (0.890)	0.455 * (0.241)
ln*rgdp*	- 0.009 (0.049)	0.868 *** (0.201)	- 0.064 (0.057)
_cons	- 0.057 (0.748)	- 5.789 * (2.831)	0.309 (0.827)
N	210	210	210
R^2	0.380	0.584	0.430
个体固定效应	YES	YES	YES
时间固定效应	YES	YES	YES

注：括号内为稳健标准误，***、**、*分别表示在1%、5%和10%的水平上显著。

6.3.2 稳健性检验

6.3.2.1 使用中介变量交互项进行检验

使用交互项机制检验的回归结果如表 6-8 所示，列（2）中文化资源和文化企业集群交互项均通过了显著性水平检验，进一步证明文化企业集群是文化资源影响文化产业 TFP 的中介传导机制。从列（1）可以看出，文化企业集群对文化产业 TFP 存在显著的促进作用，表明文化资源通过文化企业集群中介效应，引导经济要素集聚和流动，实现对文化产业 TFP 非线性影响的有条件转化。

表 6-8　　　　　　　文化企业集群交互项机制稳健性检验

变量	(1)	(2)
	tfp	tfp
agg	0.039 * (0.021)	0.142 *** (0.039)
$culture \times agg$		-0.072 *** (0.022)
$culture^2 \times agg$		0.012 *** (0.004)
fd	0.632 * (0.334)	0.626 ** (0.286)
rd	0.010 ** (0.005)	0.010 * (0.005)
$market$	0.223 ** (0.093)	0.232 ** (0.092)
$city$	-1.751 *** (0.445)	-1.579 *** (0.446)

变量	(1)	(2)
	tfp	tfp
lnedu	0.216 (0.255)	0.359 (0.246)
lnrgdp	−0.041 (0.054)	−0.056 (0.055)
_cons	−0.114 (0.915)	−0.454 (0.802)
N	210	210
R^2	0.317	0.365
个体固定效应	YES	YES
时间固定效应	YES	YES

注：括号内为稳健标准误，*** 、** 、* 分别表示在1%、5%和10%的水平上显著。

6.3.2.2 更换解释变量

为了落实国家创新驱动发展战略，推动文化领域动力变革，2012～2019年，文化部先后共认定了3批国家级文化和科技融合示范基地，重点聚焦于区域性的文化艺术展演、数字出版、影视媒体融合、专用内容知识服务等行业，培育新兴文化产业集群。因此，考虑到文化企业集群向科技融合"创新集群"的发展趋势，本章研究选择对数化的各地区国家级文化和科技融合示范基地数作为文化企业集群效应的替换变量，继续使用中介变量法进行稳健性检验，结果如表6-9所示。列（1）中一阶文化资源系数为0.545，二阶文化资源系数为−0.111，均通过10%的显著性水平检验，列（2）中文化企业集群系数显著为正，表明文化企业集群是文化资源影响文化产业TFP的中介机制，且存在部分中介作用，此结论与前文回归结果一致。

表 6 - 9　　　　　　　　文化企业集群机制替换变量稳健性检验

变量	(1)	(2)
	agg	tfp
agg		0.034 * (0.019)
culture	0.545 * (0.314)	− 0.521 ** (0.222)
culture^2	− 0.111 * (0.060)	0.085 ** (0.038)
fd	0.647 (0.577)	0.044 (0.283)
rd	0.004 (0.011)	0.005 * (0.003)
market	0.081 (0.426)	0.035 (0.086)
city	0.692 (1.708)	− 0.852 ** (0.373)
lnedu	0.541 (1.012)	0.347 (0.451)
lnrgdp	0.130 (0.124)	0.004 (0.061)
_cons	− 4.095 (2.863)	0.203 (0.935)
N	210	210
R^2	0.191	0.374
个体固定效应	YES	YES
时间固定效应	YES	YES

注：括号内为稳健标准误，** 、* 分别表示在 5% 、10% 的水平上显著。

6.3.2.3　增加区域—年份固定效应

本小节同样使用交互固定效应模型对文化企业集群的中介机制进行稳健性检验，结果如表 6 - 10 所示。列（2）中文化资源一阶系数显著为正，二阶系数显著为负，表明文化资源对文化企业集群存在倒 "U" 型影响；列（3）中引入文化企业集群的中介机制，文化资源系数依旧显著，这表明，在控制了三大区域与年份的交互固定效应后，文化资源通过文化企业集群影响文化产业 TFP 的作用机制显著存在，再次表明本章机制检验的结论是稳健的。

表 6 - 10　　考虑区域—年份固定效应的文化企业集群机制稳健性检验

变量	（1）	（2）	（3）
	tfp	agg	tfp
agg			0.093 *** (0.026)
culture	- 0.522 *** (0.168)	1.541 * (0.870)	- 0.666 *** (0.148)
culture^2	0.083 *** (0.027)	- 0.250 * (0.135)	0.106 *** (0.026)
fd	0.417 (0.316)	0.716 (0.991)	0.350 (0.272)
rd	0.008 * (0.004)	0.019 (0.011)	0.006 (0.004)
market	0.204 (0.125)	0.147 (0.596)	0.191 (0.115)
city	- 0.766 ** (0.368)	- 0.124 (2.499)	- 0.755 * (0.391)

续表

变量	(1)	(2)	(3)
	tfp	*agg*	*tfp*
ln*edu*	0.432 * (0.215)	− 0.091 (0.815)	0.440 * (0.217)
ln*rgdp*	− 0.005 (0.056)	0.744 *** (0.194)	− 0.074 (0.063)
_cons	− 0.424 (0.894)	− 3.896 (2.618)	− 0.061 (0.986)
N	210	210	210
R²	0.443	0.667	0.529
个体固定效应	YES	YES	YES
时间固定效应	YES	YES	YES
区域 × 时间固定效应	YES	YES	YES

注：括号内为稳健标准误，*** 、** 、* 分别表示在 1% 、5% 和 10% 的水平上显著。

6.3.3 进一步研究

对 TFP 分解效率的文化企业集群中介传导机制结果如表 6 - 11 所示，列 (1) 显示，文化资源一阶系数显著为负，二阶系数显著为正，表明文化资源对文化产业技术效率存在显著的 "U" 型非线性影响，随着文化资源水平提升，文化资源将显著激励文化产业创新，驱动技术效率的提升。列 (3) 中，文化企业集群系数没有通过显著性检验，一阶文化资源系数显著为负，二阶文化资源系数显著为正，需要采用 Bootstrap 法进行判断，经计算中介效应置信区间为 [− 0.002, 0.002]，包含 0，直接效应置信区间为 [− 0.018, − 0.002]，不包含 0，表明文化企业集群对文化资源和技术效率不存在中介机制，文化资源直接影响了文化产业技术效率。

表 6 - 11　　　文化产业 TFP 细分效率的文化企业集群机制检验

变量	(1)	(2)	(3)	(4)	(5)	(6)
	TEC	agg	TEC	TC	agg	TC
agg			0.000 (0.001)			0.011 (0.008)
$culture$	-0.010 ** (0.004)	2.092 ** (0.930)	-0.010 ** (0.005)	-0.089 * (0.048)	2.092 ** (0.930)	-0.113 ** (0.049)
$culture^2$	0.002 *** (0.001)	-0.363 ** (0.152)	0.002 *** (0.001)	0.017 (0.011)	-0.363 ** (0.152)	0.021 * (0.011)
fd	0.009 (0.007)	-0.377 (0.895)	0.009 (0.007)	0.254 *** (0.079)	-0.377 (0.895)	0.258 *** (0.073)
rd	0.000 (0.000)	0.003 (0.011)	0.000 (0.000)	0.002 *** (0.001)	0.003 (0.011)	0.002 *** (0.001)
$market$	0.009 *** (0.003)	-0.171 (0.589)	0.009 *** (0.003)	0.009 (0.030)	-0.171 (0.589)	0.011 (0.027)
$city$	-0.035 *** (0.012)	3.195 (2.264)	-0.036 *** (0.013)	-0.633 *** (0.163)	3.195 (2.264)	-0.669 *** (0.162)
$lnedu$	0.007 * (0.004)	-0.374 (0.890)	0.007 * (0.004)	0.027 (0.054)	-0.374 (0.890)	0.031 (0.053)
$lnrgdp$	0.006 *** (0.001)	0.868 *** (0.201)	0.006 *** (0.001)	-0.017 (0.014)	0.868 *** (0.201)	-0.027 * (0.014)
$\_cons$	-0.033 (0.020)	-5.789 * (2.831)	-0.032 (0.022)	0.319 (0.192)	-5.789 * (2.831)	0.383 * (0.189)
N	210	210	210	210	210	210
R^2	0.875	0.584	0.875	0.886	0.584	0.890
个体固定效应	YES	YES	YES	YES	YES	YES
时间固定效应	YES	YES	YES	YES	YES	YES

续表

变量	(7)	(8)	(9)	(10)	(11)	(12)
	AEC	agg	AEC	SEC	agg	SEC
agg			0.095 *** (0.027)			−0.043 * (0.024)
culture	−0.416 * (0.216)	2.092 ** (0.930)	−0.615 *** (0.221)	−0.111 (0.208)	2.092 ** (0.930)	−0.021 (0.237)
culture²	0.072 ** (0.035)	−0.363 ** (0.152)	0.106 *** (0.037)	0.013 (0.034)	−0.363 ** (0.152)	−0.003 (0.040)
fd	0.507 ** (0.247)	−0.377 (0.895)	0.543 ** (0.226)	−0.301 (0.231)	−0.377 (0.895)	−0.318 (0.235)
rd	0.003 (0.002)	0.003 (0.011)	0.003 (0.002)	0.003 (0.004)	0.003 (0.011)	0.003 (0.004)
mark	0.209 ** (0.086)	3.195 (2.264)	0.225 ** (0.084)	−0.088 (0.065)	3.195 (2.264)	−0.096 (0.066)
city	−0.966 ** (0.390)	−0.171 (0.589)	−1.270 ** (0.463)	0.512 (0.414)	−0.171 (0.589)	0.650 (0.452)
lnedu	−0.031 (0.278)	−0.374 (0.890)	0.004 (0.273)	0.428 (0.345)	−0.374 (0.890)	0.412 (0.341)
lnrgdp	0.010 (0.053)	0.868 *** (0.201)	−0.073 (0.056)	−0.008 (0.039)	0.868 *** (0.201)	0.030 (0.032)
_cons	0.354 (0.877)	−5.789 * (2.831)	0.904 (0.967)	−0.696 (0.662)	−5.789 * (2.831)	−0.946 (0.645)
N	210	210	210	210	210	210
R²	0.360	0.584	0.415	0.214	0.584	0.228
个体固定效应	YES	YES	YES	YES	YES	YES
时间固定效应	YES	YES	YES	YES	YES	YES

注：括号内为稳健标准误，***、**、* 分别表示在 1%、5% 和 10% 的水平上显著。

列（9）中，文化企业集群的回归系数是 0.095，通过 1% 的显著性水平检验，表明文化企业集群是要素配置效率的中介机制，文化资源对配置效率的影响可以通过文化企业网络，发挥文化资源价值功能，促进文化产业经济要素聚集重置。同时，列（9）中一阶和二阶文化资源系数分别为 − 0.615 和 0.106，均通过 1% 的显著性水平检验，说明文化企业集群存在部分中介效应，且文化资源对要素配置效率存在临界值。随着文化资源市场化的深入，资源要素市场主体呈现多元化趋势，提升文化资源水平将改善生产要素配置效率，进而促进文化产业 TFP 水平。

6.4 文化资源对文化产业 TFP 影响的政府支持调节效应检验

机制研究表明，文化资源可以通过人力资本变动和文化企业集群影响文化产业 TFP，在实际中，由于文化资源兼具社会属性和经济属性，政府支持在文化资源挖掘和开发过程中发挥重要作用，干预文化资源对文化产业 TFP 的影响路径和方向。为此，本节将进一步检验文化资源影响文化产业 TFP 过程中政府支持的调节效应。

6.4.1 模型选择与设计

目前，调节效应和中介效应是研究自变量和因变量作用关系的主要方法，如果同时存在调节变量和中介变量，其检验步骤和位置会产生不同模型，基于此，首先构建调节效应的基本模型，检验政府支持在文化资源和文化产业 TFP 之间是否存在调节作用：

$$tfp_{it} = \beta'_0 + \beta'_1 culture_{it} + \beta'_2 gov_{it} + \beta'_3 culture_{it} \times gov_{it} + \beta'_4 culture_{it}^2$$
$$+ \beta'_5 culture_{it}^2 \times gov_{it} + \beta'_6 X_{it} + \mu_i + \eta_t + \varepsilon_{it} \tag{6-6}$$

为了探析政府支持在文化人力资本变动和文化企业集群之间中介传导路径中的作用，进一步构建如下模型：

$$M_{it} = \gamma_0 + \gamma_1 culture_{it} + \gamma_2 gov_{it} + \gamma_3 culture_{it} \times gov_{it} + \gamma_4 X_{it} + \mu_i + \eta_t + \varepsilon_{it}$$

$$(6-7)$$

$$tfp = \alpha_0' + \alpha_1' culture_{it} + \alpha_2' gov_{it} + \alpha_3' culture_{it} \times gov_{it} + \alpha_4' culture_{it}^2$$

$$+ \alpha_5' culture_{it}^2 \times gov_{it} + \alpha_6' M_{it} \times gov_{it} + \alpha_7' M_{it} + \alpha_8' X + \mu_i$$

$$+ \eta_t + \varepsilon_{it}$$

$$(6-8)$$

其中，gov 表示政府支持，本节主要从政府的财政支持、体制支持和营商环境支持三个角度衡量政府支持水平，乘积项 $M \times gov$、$culture \times gov$、$culture^2 \times gov$ 代表政府支持的调节效应，这是本节关注的重点。在路径分析中，若乘积项系数 β_3' 和 β_5' 显著，则政府支持在文化资源影响文化产业 TFP 的过程中存在调节效应；若 γ_3 和 α_6' 显著，则政府支持在中介机制中存在调节作用；若 γ_3 显著，α_6' 不显著，则政府支持只调节中介机制的第一段路径；若 γ_3 不显著，α_6' 显著，则政府支持只调节中介机制的第二段路径，具体影响路径如图 6 - 1 所示。

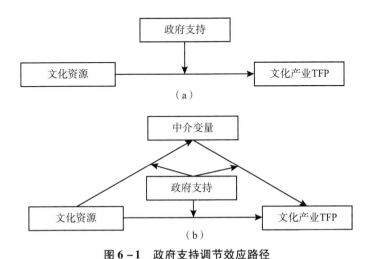

图 6 - 1　政府支持调节效应路径

6.4.2 变量说明和统计描述

本小节除政府支持以外,其他变量与第6.3节一致。

(1)财政支持(*fin*)。由于文化产业存在大量的中小型企业,它们对租金、创新技术投入、劳动力等要素投入成本极为敏感,财政补贴和税收优惠便是弥补文化企业生产成本,鼓励文化创新最重要的政府支持手段。对具有准公共产品和正外部性的文化经营主体进行财政支持,可以激励文化资源的开发,引导文化资源的创新方向。现有衡量产业财政支持的方法主要有:一是设置虚拟变量,以研究的分析目标为准,将获得政府文化产业引导资金投入的企业,赋值为1,否则,赋值为0;二是以人均财政支出衡量政府的财政支持力度;三是采用各地区财政支出和 GDP 的比值表示财政支持强度。由于对数化指标较为通用,且可以消除异方差,故本节研究使用对数化的各省份文化及相关产业当年财政支出表示财政支持。

(2)体制支持(*pro*)。我国文化产业发展早期,文化市场主体大多数属于国有股权所有制企业,以及从事公共事业的市场机构,文化产业市场化体制改革的主要内容即是公有制文化单位转制为非公有制文化单位。因此,文化机构产权性质的变化反映了文化产业的转企改制水平,具体表现为公有制单位和非公有制单位的比例。在文化产业内,戏剧表演、剧院、舞蹈艺术、雕塑和美术等艺术行业具有较高的专业门槛,是私人文化企业供给不足的领域,这类文化行业以公有制机构为主体,是文化体制改革的重点对象,其非公有制机构数量,一方面代表了社会文化繁荣程度和政府体制对文化公共设施资源的支持程度,另一方面反映了文化市场转企改制的成果。故本节使用非公有制艺术表演机构占文化市场机构的比值衡量各地区文化产业政府体制支持。

(3)营商环境支持(*env*)。营商环境是支撑产业发展重要的外部环境,良好的营商环境不仅可以增加地区在市场中的竞争实力，吸引生产要素流入和企业集聚，还可以帮助企业减少非必要成本，提高企业的生产经营效率。文化生产过程需要特殊的创作环境，"创意环境"理论认为，文化创作环境是一个区域在"硬性"和"软性"基础设施方面催生构思和发明所要拥有的必要条件。唐燕等（2016）认为，优良的创作环境应该包括丰富的建筑空间、道路设施、科研和教育机构等硬件设施，也涵盖人才、众创空间和平台，以及独特的文化气质等软件设施。为促进文化产业发展，各国政府在改善整体营商环境的基础上，针对文化产业对"创作环境"的特殊需求，主要从改善科教环境、提高公共服务均等化、完善社会保障体系和增加环境治理水平等方面进行环境优化。本节在已有研究的基础上，基于文化产业发展需求，主要从科教环境、公共服务、社会保障和环境治理四个维度构建营商环境综合评价指标体系（见表6－12），采用科学的熵权法计算权重。

表 6 – 12 营商环境指标体系

一级指标	二级指标	单位	权重	方向	数据来源
科教环境	普通高中师生比	—	0.0735	+	《中国统计年鉴》
	高等学校数量	个	0.0580	+	
	专利授权数合计	件	0.1105	+	《中国科技统计年鉴》
	职工平均工资	元	0.0626	+	《中国劳动统计年鉴》
公共服务	每千人医疗卫生机构床位	张/千人	0.0431	+	《中国统计年鉴》
	人均道路面积数	平方米/人	0.0361	+	
	售水量	万立方米/日	0.1053	+	
	全社会用电量	万千瓦时	0.1103	+	
	供气总量（人工、天然气）	万立方米	0.1115	+	
社会保障	基本养老保险比例	%	0.0326	+	
	城乡基本医疗保险人数	人	0.1174	+	
	工会数量	个	0.0989	+	

续表

一级指标	二级指标	单位	权重	方向	数据来源
环境治理	无害化处理能力	吨/日	0.0701	+	《中国统计年鉴》
	生活垃圾无害化处理率	%	0.0092	+	
	空气质量达到及好于二级的天数	天	0.0345	+	

注："+"表示指标为正向。

6.4.3 回归结果分析

6.4.3.1 财政支持调节效应

表6-13报告了财政支持调节效应的回归结果。列（1）和列（2）显示财政支持和文化资源交互项系数都通过了显著性水平检验，说明文化资源和文化产业 TFP 之间存在财政支持的调节效应。具体来看，列（2）中财政支持和文化资源一次项的交互项系数显著为正，与平方项的交互项系数显著为负，表明财政支持效应会削弱文化资源与文化产业 TFP 之间的"U"型关系，使曲线变得更为平缓，这进一步验证了假设2。具体来看，临界值前财政支持改善了文化资源的诅咒问题，但随着财政补贴持续增加，在临界值后，由于文化人力资本持续流入和积累，加剧了"去工业化"，导致部门间技术溢出水平下降，因此削弱了文化"资源恩赐"作用。列（3）报告的是中介变量为文化人力资本变动时模型（6-7）的回归结果，文化资源系数显著为负，文化资源和财政支持的交互项系数显著为正，说明政府支持可以正向调节文化资源对文化人力资本变动的影响；进一步对模型（6-8）进行验证，回归结果如列（5）所示，一阶、二阶文化资源和财政支持的交互项系数分别为0.286和-0.056，文化人力资本变动和财政支持的交互项系数是-0.106，都通过了显著性水平检验，表明在文化人力资本变动机制中存

在显著的财政支持调节效应。

表 6 - 13　　　　财政支持调节效应回归结果（文化人力资本变动机制）

变量	（1） tfp	（2） tfp	（3） laborflow	（4） tfp	（5） tfp
laborflow				0.067 * （0.037）	1.380 *** （0.425）
laborflow × lnfin					− 0.106 *** （0.034）
culture	− 1.235 *** （0.327）	− 4.614 *** （1.191）	− 2.273 *** （0.764）	− 1.082 *** （0.336）	− 3.983 *** （1.109）
culture × lnfin	0.086 *** （0.023）	0.331 *** （0.095）	0.164 *** （0.056）	0.075 *** （0.024）	0.286 *** （0.089）
culture^2		0.931 *** （0.285）			0.765 ** （0.280）
culture^2 × lnfin		− 0.068 *** （0.022）			− 0.056 ** （0.021）
lnfin	− 0.166 ** （0.062）	− 0.362 *** （0.107）	− 0.302 * （0.168）	− 0.146 ** （0.063）	− 0.325 *** （0.106）
fd	0.372 （0.264）	0.204 （0.238）	0.107 （0.286）	0.365 （0.265）	0.169 （0.231）
rd	0.009 ** （0.004）	0.006 * （0.003）	− 0.001 （0.006）	0.009 ** （0.004）	0.007 ** （0.003）
market	0.107 （0.079）	0.059 （0.077）	− 0.259 （0.155）	0.124 （0.081）	0.055 （0.075）
city	− 0.944 *** （0.324）	− 0.915 ** （0.343）	0.138 （0.737）	− 0.953 *** （0.322）	− 0.999 *** （0.317）
lnedu	0.372 * （0.218）	0.379 * （0.211）	0.039 （0.390）	0.370 * （0.213）	0.389 * （0.197）
lnrgdp	− 0.037 （0.047）	− 0.016 （0.048）	0.151 * （0.075）	− 0.047 （0.048）	− 0.019 （0.047）

变量	（1）	（2）	（3）	（4）	（5）
	tfp	*tfp*	*laborflow*	*tfp*	*tfp*
_cons	1.942 ** （0.926）	4.623 *** （1.503）	2.360 （1.977）	1.784 * （0.952）	4.181 *** （1.486）
N	210	210	210	210	210
R²	0.400	0.441	0.291	0.414	0.476
个体固定效应	YES	YES	YES	YES	YES
时间固定效应	YES	YES	YES	YES	YES

注：括号内为稳健标准误，*** 、** 、* 分别表示在1%、5%和10%的水平上显著。

以上结果打开了"文化资源—文化人力资本变动—文化产业 TFP"的黑箱，一方面，政府通过增加文化技能教育和培训、提高文化部门劳动力工资水平、培养个体后天文化能力禀赋等，促进文化场景资源、信息资源等向文化人力资本转化；另一方面，政府通过向文化企业提供人力资本补贴，提高文化部门的人力资本预算约束，增加了文化部门对文化人力资本的需求水平，引致文化人力资本在部门间流动。在人力资本影响文化产业 TFP 过程中，财政支持降低了人力资本投入成本，改善了要素配置效率，因此促进了文化产业 TFP 水平。

表 6-14 报告了文化企业集群传导机制中财政支持的调节效应。列（1）和列（2）是基准调节效应检验，表明财政支持在文化资源和文化产业 TFP 之间存在显著的调节作用。列（3）报告了文化企业集群机制下财政支持的调节效应检验结果，财政支持和文化资源交互项系数为 -0.210，通过 5% 的显著性水平检验，说明财政支持削弱了文化资源对文化企业集群的促进作用，当前文化企业可能存在一定的寻租问题，企业"政策租"带来的额外收益超过"资源租"带来的生产绩效，政府补贴、财税优惠等政府支持掩盖了文化企业集群形成的真实动机，降低了文化资源中介转化效率。列（5）显示，

文化企业集群和财政支持交互项系数没有通过显著性检验，说明文化产业政府支持只对文化企业集群机制的前半段路径存在调节效应，这也验证了假设3。现阶段，地方政府以经济发展为导向的文化产业，忽视了文化内涵和社会属性，尽管大量的财政补贴和投入改善了文化企业生产经营成本，影响了经济资本集聚，但没有激发企业的文化内核，反而引致了文化企业的寻租行为，弱化了文化资源对文化企业集群的正向作用。另外，受政府文化保护主义以及对文化企业甄别能力的影响，政府可能错误地吸引和扶持了生产能力较弱的文化企业，形成负向的文化企业集群。同时，随着我国文化市场化改革的深入，文化企业集群对文化产业 TFP 的影响，主要受市场机制调节，财政支持虽然可以弥补文化企业额外的生产成本，但不能完全干预企业的生产决策和市场行为，因此财政支持在文化企业集群中介机制的后半段影响路径中不存在调节作用。

表 6 – 14　　　　　　财政支持调节效应回归结果（文化企业集群机制）

变量	(1) tfp	(2) tfp	(3) agg	(4) tfp	(5) tfp
agg				0.062 *** (0.021)	– 0.066 (0.343)
agg × lnfin					0.011 (0.028)
culture	– 1.235 *** (0.327)	– 4.614 *** (1.191)	3.000 ** (1.416)	– 1.421 *** (0.346)	– 4.218 * (2.437)
culture × lnfin	0.086 *** (0.023)	0.331 *** (0.095)	– 0.210 ** (0.102)	0.099 *** (0.025)	0.287 (0.199)
culture²		0.931 *** (0.285)			0.881 * (0.451)
culture² × lnfin		– 0.068 *** (0.022)			– 0.062 * (0.036)

变量	(1)	(2)	(3)	(4)	(5)
	tfp	tfp	agg	tfp	tfp
lnfin	−0.166 **	−0.362 ***	0.166	−0.176 ***	−0.366 ***
	(0.062)	(0.107)	(0.321)	(0.056)	(0.092)
fd	0.372	0.204	−0.028	0.374	0.205
	(0.264)	(0.238)	(0.857)	(0.233)	(0.208)
rd	0.009 **	0.006 *	0.003	0.008 **	0.006 *
	(0.004)	(0.003)	(0.010)	(0.004)	(0.003)
market	0.107	0.059	−0.239	0.122	0.060
	(0.079)	(0.077)	(0.530)	(0.077)	(0.083)
city	−0.944 ***	−0.915 **	2.894	−1.124 ***	−1.042 ***
	(0.324)	(0.343)	(2.171)	(0.329)	(0.335)
lnedu	0.372 *	0.379 *	0.008	0.372	0.406 *
	(0.218)	(0.211)	(0.851)	(0.231)	(0.218)
lnrgdp	−0.037	−0.016	1.005 ***	−0.099 *	−0.085
	(0.047)	(0.048)	(0.204)	(0.054)	(0.058)
_cons	1.942 **	4.623 ***	−8.519 *	2.473 **	5.145 ***
	(0.926)	(1.503)	(4.681)	(0.955)	(1.436)
N	210	210	210	210	210
R^2	0.400	0.441	0.583	0.448	0.496
个体固定效应	YES	YES	YES	YES	YES
时间固定效应	YES	YES	YES	YES	YES

注：括号内为稳健标准误，*** 、** 、* 分别表示在1%、5%和10%的水平上显著。

6.4.3.2 体制支持调节效应

表6－15报告了体制支持调节效应回归结果。列（2）中一阶文化资源和体制支持的交互项系数显著为正，二阶交互项系数显著为负，与文化资源的系数符号相异，这表明文化体制支持对文化产业TFP具有调节效应，且体

制支持可以"中和"文化资源对文化产业 TFP 的"U"型影响。具体来看，列（3）显示体制支持和文化资源交互项系数显著为正，说明体制支持可以正向调节文化资源对文化人力资本变动的影响，促进文化资源转化为文化人力资本，进而影响文化产业 TFP。列（5）中，文化人力资本变动和体制支持交互项系数为 −0.759，没有通过显著性水平检验，表明体制支持对文化人力资本中介机制的调节效应只存在于前半段"文化资源—文化人力资本变动"，这说明文化体制支持可以调节文化资源对文化人力资本的影响，但不能影响文化人力资本变动对文化产业 TFP 的作用。回归结果意味着，政府一方面通过整合文化资源，减少文化市场分割以及人力资本的流动障碍，促进文化人力资本在部门间的流动，另一方面通过对公有制文化单位，例如戏剧表演、舞蹈艺术、博物馆等进行产权结构改革，调配公共文化资源，释放文化资源和人力资本价值优势，促进文化人力资本的形成和积累。

表 6 – 15 　　　体制支持调节效应回归结果（文化人力资本变动机制）

变量	(1)	(2)	(3)	(4)	(5)
	tfp	tfp	$laborflow$	tfp	tfp
$laborflow$				0.126 *** (0.046)	0.109 ** (0.041)
$laborflow \times pro$				−0.920 (0.719)	−0.759 (0.675)
$culture$	−0.205 *** (0.054)	−0.855 *** (0.216)	−0.191 ** (0.089)	−0.183 *** (0.054)	−0.768 *** (0.216)
$culture \times pro$	1.139 *** (0.311)	4.943 *** (0.972)	1.008 * (0.532)	1.074 *** (0.319)	4.869 *** (0.978)
$culture^2$		0.156 *** (0.042)			0.141 *** (0.041)
$culture^2 \times pro$		−1.020 *** (0.229)			−0.998 *** (0.227)

续表

变量	（1）	（2）	（3）	（4）	（5）
	tfp	*tfp*	*laborflow*	*tfp*	*tfp*
pro	− 1.826 ***	− 5.193 ***	− 1.728	− 1.710 **	− 5.141 ***
	(0.616)	(1.020)	(1.128)	(0.637)	(1.041)
fd	0.348	0.137	0.377	0.309	0.109
	(0.250)	(0.215)	(0.381)	(0.240)	(0.211)
rd	0.009 **	0.007 *	− 0.001	0.009 **	0.007 *
	(0.004)	(0.004)	(0.006)	(0.004)	(0.003)
market	0.130	0.027	− 0.113	0.128	0.034
	(0.083)	(0.075)	(0.183)	(0.080)	(0.075)
city	− 1.204 ***	− 1.089 ***	− 0.488	− 1.217 ***	− 1.110 ***
	(0.389)	(0.366)	(0.930)	(0.360)	(0.350)
lnedu	0.368	0.426 *	− 0.059	0.367	0.414 *
	(0.228)	(0.234)	(0.406)	(0.217)	(0.222)
lnrgdp	− 0.030	− 0.014	0.182 **	− 0.039	− 0.024
	(0.051)	(0.050)	(0.076)	(0.051)	(0.051)
_cons	0.058	0.578	− 1.536	0.163	0.649
	(0.730)	(0.683)	(1.139)	(0.757)	(0.716)
N	210	210	210	210	210
R^2	0.387	0.441	0.237	0.420	0.465
个体固定效应	YES	YES	YES	YES	YES
时间固定效应	YES	YES	YES	YES	YES

注：括号内为稳健标准误，***、**、*分别表示在1%、5%和10%的水平上显著。

表6-16报告的是体制支持对文化企业集群中介机制的调节效应检验结果。列（1）和列（2）显示，体制支持和文化资源的交互项系数都通过了显著性水平检验，故体制支持对文化资源和文化产业TFP的非线性关系存在调节效应。聚焦在文化企业集群机制，列（3）显示交互项系数显著为负，说明公有制文化企业改制会加剧文化资源对文化企业集群的抑制性作用，体制

支持将负向调节文化资源对文化企业集群的影响，原因在于，公有制文化单位本身拥有专用性的文化资源，转型为企业的公共文化事业单位不仅要自负盈亏，还要继续承担沉重的社会责任，这提高了新入行的企业门槛和难度，因此减少了文化企业经济资本的形成。加入企业集聚转化传导变量后，列（4）和列（5）显示文化企业集聚和政府支持交互项都没有通过显著性水平检验，这意味着我国文化体制改革已进入深水区，随着文化产业市场化水平的提高，文化企业集群对文化产业 TFP 的影响主要受市场机制调节，受体制改革支持的影响较小，因此，体制支持的调节作用只存在于文化资源影响文化企业集群的路径上。

表 6-16　　　　体制支持调节效应回归结果（文化企业集群机制）

变量	（1）tfp	（2）tfp	（3）agg	（4）tfp	（5）tfp
agg				0.057 ***(0.019)	0.071 ***(0.019)
agg × pro				0.108(0.123)	-0.002(0.110)
culture	-0.205 ***(0.054)	-0.855 ***(0.216)	0.551 *(0.295)	-0.229 ***(0.052)	-0.993 ***(0.221)
culture × pro	1.139 ***(0.311)	4.943 ***(0.972)	-3.431 **(1.288)	1.209 ***(0.309)	5.177 ***(1.104)
$culture^2$		0.156 ***(0.042)			0.177 ***(0.044)
$culture^2$ × pro		-1.020 ***(0.229)			-1.046 ***(0.237)
pro	-1.826 ***(0.616)	-5.193 ***(1.020)	5.490 *(2.922)	-2.632 ***(0.789)	-5.458 ***(0.933)
fd	0.348(0.250)	0.137(0.215)	-0.103(0.975)	0.324(0.214)	0.139(0.169)

续表

变量	(1)	(2)	(3)	(4)	(5)
	tfp	tfp	agg	tfp	tfp
rd	0.009 ** (0.004)	0.007 * (0.004)	0.003 (0.010)	0.008 * (0.004)	0.006 (0.004)
market	0.130 (0.083)	0.027 (0.075)	− 0.187 (0.537)	0.134 * (0.078)	0.029 (0.077)
city	− 1.204 *** (0.389)	− 1.089 *** (0.366)	3.573 (2.164)	− 1.373 *** (0.431)	− 1.326 *** (0.404)
lnedu	0.368 (0.228)	0.426 * (0.234)	− 0.100 (0.955)	0.383 (0.246)	0.451 * (0.243)
lnrgdp	− 0.030 (0.051)	− 0.014 (0.050)	0.932 *** (0.212)	− 0.091 (0.056)	− 0.076 (0.055)
_cons	0.058 (0.730)	0.578 (0.683)	− 6.004 ** (2.866)	0.464 (0.760)	1.032 (0.743)
N	210	210	210	210	210
R^2	0.387	0.441	0.580	0.438	0.502
个体固定效应	YES	YES	YES	YES	YES
时间固定效应	YES	YES	YES	YES	YES

注：括号内为稳健标准误，***、**、*分别表示在1%、5%和10%的水平上显著。

6.4.3.3 营商环境支持调节效应

表6-17报告了营商环境支持调节效应回归结果。如列（1）和列（2）所示，一阶文化资源和营商环境支持交互项的回归系数显著为正，二阶交互项系数显著为负，说明营商环境支持对文化资源具有显著的正向调节作用，且对文化资源和文化产业TFP的"U"型关系存在削弱效应，即在文化资源不超过拐点的情况下，改善营商环境有利于文化资源的形成和扩散，带动关联产业的发展，降低文化资源对文化产业TFP的抑制作用。随着营商环境的持续优化，增加了产业间的竞争，更有发展优势的产业可能挤占了文化产业

的发展机遇，降低了文化部门的生产要素流入，因此削弱了文化资源对文化产业 TFP 的促进作用。

表 6 – 17　　　营商环境支持调节效应回归结果（文化人力资本变动机制）

变量	(1) tfp	(2) tfp	(3) laborflow	(4) tfp	(5) tfp
laborflow				0.289*** (0.087)	0.226*** (0.071)
laborflow × env				−0.107*** (0.037)	−0.071** (0.028)
culture	−0.293*** (0.087)	−1.358*** (0.328)	−0.500*** (0.170)	−0.290*** (0.094)	−1.273*** (0.315)
culture × env	0.064*** (0.022)	0.419*** (0.130)	0.114** (0.055)	0.066*** (0.024)	0.415*** (0.122)
$culture^2$		0.259*** (0.073)			0.241*** (0.070)
$culture^2$ × env		−0.083*** (0.026)			−0.081*** (0.025)
env	−0.151* (0.084)	−0.519** (0.194)	−0.113 (0.189)	−0.141* (0.078)	−0.518*** (0.174)
fd	0.464 (0.276)	0.201 (0.229)	−0.022 (0.278)	0.376 (0.254)	0.158 (0.222)
rd	0.010** (0.004)	0.007* (0.004)	0.001 (0.007)	0.010** (0.004)	0.007** (0.003)
market	0.137 (0.092)	0.058 (0.080)	−0.306* (0.171)	0.129 (0.089)	0.068 (0.080)
city	−1.082*** (0.371)	−0.868** (0.353)	−0.175 (0.681)	−1.141*** (0.360)	−0.905** (0.345)
lnedu	0.390* (0.229)	0.388* (0.217)	0.166 (0.388)	0.419* (0.218)	0.392* (0.205)

续表

变量	(1)	(2)	(3)	(4)	(5)
	tfp	*tfp*	*laborflow*	*tfp*	*tfp*
lnrgdp	−0.032 (0.047)	−0.028 (0.042)	0.153** (0.062)	−0.037 (0.046)	−0.039 (0.042)
_cons	0.063 (0.756)	1.231 (0.764)	−1.019 (1.085)	0.150 (0.762)	1.305 (0.794)
N	210	210	210	210	210
R^2	0.377	0.433	0.322	0.418	0.465
个体固定效应	YES	YES	YES	YES	YES
时间固定效应	YES	YES	YES	YES	YES

注：括号内为稳健标准误，***、**、*分别表示在1%、5%和10%的水平上显著。

如列（3）所示，营商环境支持和文化资源交互项系数为0.114，达到5%的显著性水平，表明营商环境在人力资本机制中存在调节效应，假设2得到进一步验证。这意味着，提高营商环境水平，优化文化创作外部环境，可以显著改善文化资源对文化人力资本变动的影响。这个结论与邱等（Cho et al.，2018）的分析一致，即文化人力资本具有高流动性，文化从业人员青睐于积累多样化的创作体验和创新经验，因此对地区社会环境条件和劳动力保障水平具有很高的要求，趋向于低成本、便利化、高效率和集约式的创作环境。

列（4）和列（5）中文化人力资本变动和营商环境支持交互项系数都显著为负，表明营商环境在文化人力资本变动机制中具有显著的调节作用，营商环境不仅可以影响文化资源转化为人力资本，还可以削弱文化人力资本变动对文化产业 TFP 的正向作用，原因在于，虽然改善营商环境促进了文化人力资本的流动和积累，但导致生产要素配置结构难以维持稳定，这加剧了文化创意生产过程的不确定性，因此降低了文化生产绩效和文化产业 TFP。列

（5）中一阶文化资源和营商环境支持的交互项系数显著为正，二阶交互项系数显著为负，说明通过文化人力资本变动机制，营商环境支持对文化资源和文化产业 TFP 的"U"型关系仍然存在削弱作用。

表 6 - 18 报告了在文化企业集群机制下，营商环境支持调节效应的回归结果。具体来看，列（1）和列（2）是基准调节效应的回归结果，表明存在营商环境的调节效应，可以继续对企业集聚的中介机制进行检验。列（3）报告了逐步检验的第二步，结果显示文化资源回归系数为 0.964，通过 10% 的显著性水平检验，文化资源和营商环境支持的交互项系数为 -0.241，通过 5% 的显著性水平检验，表明营商环境对文化企业集群存在负向调节作用，这验证了假设 3。原因在于，文化产业是以中小微企业为主体的新兴产业，这些企业对生产成本极为敏感，总体上对集中性的大区域空间需求并不高，且文化产业具有轻资产、重创意的特性，中小企业普遍没有大型固定资产和生产设备的限制，文化企业进出市场较为容易。因此，地区间营商环境方面的竞争，可能促进了文化企业的流动，削弱了文化企业集群的形成。高效的政府服务效率和良好的外部环境还加剧了区域内产业间的竞争，提高了政府选择重点产业的主动权，随着营商环境的改善，更有发展优势的企业挤占了文化企业的发展机遇，因此表现出对文化企业集群的抑制作用。引入文化企业集群的传导机制后，列（4）和列（5）显示，文化企业集群和营商环境支持交互项系数为正，但不显著，表明营商环境在文化企业集群和文化产业 TFP 之间不存在调节作用。

表 6 - 18　　　　营商环境支持调节效应回归结果（文化企业集群机制）

变量	(1)	(2)	(3)	(4)	(5)
	tfp	*tfp*	*agg*	*tfp*	*tfp*
agg				0.041 (0.032)	0.065 (0.039)

续表

变量	（1）	（2）	（3）	（4）	（5）
	tfp	tfp	agg	tfp	tfp
agg × env				0.012 (0.018)	0.001 (0.021)
culture	− 0.293 *** (0.087)	− 1.358 *** (0.328)	0.964 * (0.472)	− 0.320 *** (0.076)	− 1.467 *** (0.420)
culture × env	0.064 *** (0.022)	0.419 *** (0.130)	− 0.241 ** (0.116)	0.067 *** (0.022)	0.425 ** (0.183)
$culture^2$		0.259 *** (0.073)			0.272 *** (0.087)
$culture^2$ × env		− 0.083 *** (0.026)			− 0.083 ** (0.034)
env	− 0.151 * (0.084)	− 0.519 ** (0.194)	0.580 (0.430)	− 0.261 * (0.147)	− 0.540 *** (0.188)
fd	0.464 (0.276)	0.201 (0.229)	− 0.339 (0.934)	0.476 * (0.243)	0.214 (0.203)
rd	0.010 ** (0.004)	0.007 * (0.004)	− 0.001 (0.010)	0.009 ** (0.004)	0.007 * (0.004)
market	0.137 (0.092)	0.058 (0.080)	− 0.156 (0.575)	0.134 (0.092)	0.064 (0.081)
city	− 1.082 *** (0.371)	− 0.868 ** (0.353)	2.979 (2.169)	− 1.152 *** (0.339)	− 1.060 *** (0.339)
lnedu	0.390 * (0.229)	0.388 * (0.217)	− 0.254 (0.856)	0.397 (0.243)	0.414 * (0.217)
lnrgdp	− 0.032 (0.047)	− 0.028 (0.042)	0.952 *** (0.204)	− 0.103 * (0.058)	− 0.090 (0.054)
_cons	0.063 (0.756)	1.231 (0.764)	− 6.297 ** (2.966)	0.655 (0.886)	1.654 * (0.825)

续表

变量	(1)	(2)	(3)	(4)	(5)
	tfp	*tfp*	*agg*	*tfp*	*tfp*
N	210	210	210	210	210
R²	0.377	0.433	0.585	0.429	0.488
个体固定效应	YES	YES	YES	YES	YES
时间固定效应	YES	YES	YES	YES	YES

注：括号内为稳健标准误，***、**、*分别表示在1%、5%和10%的水平上显著。

6.5 本章小结

　　本章使用中介效应模型、分步检验法和交互项方法，实证检验了文化资源通过文化人力资本变动和文化企业集群影响文化产业 TFP 的机制，进一步从政府支持的三个维度分别梳理了文化资源和文化产业 TFP 的调节效应，得到如下研究结果。

　　第一，对文化人力资本变动机制而言。文化资源通过文化人力资本变动影响文化产业 TFP 的机制显著存在，且这种影响依然表现出"先抑后扬"的非线性变化趋势，文化人力资本变动在文化资源和文化产业 TFP 之间存在部分中介效应。从细分效率来看，文化人力资本变动是文化资源影响文化产业配置效率的中介机制，但文化资源不能通过文化人力资本变动影响文化产业技术效率、技术进步和规模效率。

　　第二，对文化企业集群机制而言。文化资源可以通过文化企业集群机制影响文化产业 TFP，且文化企业集群是文化资源和文化产业 TFP 之间的部分中介。文化资源通过彰显经济价值，转化为经济资本，形成文化企业集群，进而对文化产业 TFP 产生"资源诅咒"和"资源恩赐"的作用。从分解效率来看，文化资源可以通过文化企业集群影响文化产业配置效率，但不能进一步影响技术效率、技术进步和规模效率。

第三，政府财政支持、体制支持和营商环境支持在文化资源和文化产业 TFP 之间存在显著的正向调节作用，可以显著改善文化"资源诅咒"问题，使文化资源对文化产业 TFP 的"U"型影响变得更为平缓。将政府支持调节效应置于文化人力资本变动和文化企业集群路径中发现，财政支持和营商环境支持可以调节"文化资源—文化人力资本变动—文化产业 TFP"的全部路径，但体制支持仅能调节"文化资源—人力资本"的半段路径；三种政府支持都只在"文化资源—文化企业集群"的转化路径中存在调节作用，表明随着我国文化产业市场化改革的持续推进，政府在经济资本影响文化产业 TFP 过程中的调节作用，已经让渡给了市场调节机制，在文化产业效率变革中需要市场机制发挥更大的作用。

第 7 章

文化资源对文化产业 TFP 影响的 空间效应分析

无论是在文化人类学、社会学，还是在文化经济学的视角下，文化资源都被广泛认为是人类活动随时空积淀的产物，具有一定的空间黏滞性特征。因此，本章将基于文化资源的空间特性，使用空间计量的方法，从时空维度探究文化资源对文化产业 TFP 影响的空间溢出效应，以及在经济发展水平和文化特征下，文化资源对不同地区文化产业及不同生产效率的空间溢出效应。

7.1 研 究 设 计

7.1.1 模型设定和数据说明

根据第 4 章对我国文化资源和文化产业 TFP

的现实特征分析发现，我国文化资源的形成和分布存在明显的空间分布差异。已有研究也表明，文化资源具有较强的空间相关性，且区域间文化产业发展存在较为密切的联系，因此，有必要将空间因素纳入文化资源影响文化产业TFP的分析中。本章将在第5章的研究基础上，引入空间效应，构建空间计量模型，进一步探究"时间—空间"双重维度下，文化资源对文化产业TFP的空间溢出效应，本章设置的具体模型如下：

$$tfp_{it} = \alpha_0 + \rho W \times tfp_{it} + \alpha_1 culture_{it} + \alpha_2 culture_{it}^2 + \alpha_3 X_{it} + \beta_1 Wculture_{it}$$
$$+ \beta_2 Wculture_{it}^2 + \beta_3 WX_{it} + \mu_i + \eta_t + \varepsilon_{it}$$

$$\varepsilon_{it} = \lambda \sum_{j=1}^{n} W_{it} \varepsilon_{it} + \nu_{it}, \ \nu_{it} \sim N(0, \sigma_i^2) \tag{7-1}$$

其中，a_0 表示常数项，W 是空间权重矩阵，ρ 和 λ 分别表示空间滞后系数和空间误差系数；ε_{it} 是空间自相关的残差项；ν_{it} 是服从正态分布的随机误差项；λ 是空间误差项的相关系数，衡量扰动误差项对文化产业TFP的影响。为了减少可能的偏误，研究还控制了个体固定效应 μ_i 和时间固定效应 η_t，以控制不可观测的个体异质性和宏观经济因素的影响。X 为影响文化产业全要素生产率的其他因素。目前，常用的空间计量模型主要有三种：空间自回归模型（spatial auto regressive model，简称SAR模型）、空间误差模型（spatial error model，简称SEM模型）和空间杜宾模型（spatial dubin model，简称SDM模型）。由于本章研究重点考察的是空间因素下文化资源对文化产业TFP的影响效果，因此在后续实证检验前将对SAR、SEM和SDM三种模型进行选择。

需要说明的是，考虑到研究逻辑上的一致性，本章所选被解释变量、核心解释变量和控制变量与第5章完全一致，变量数据来源和统计性表述不变，故不再赘述。

7.1.2 空间权重矩阵

7.1.2.1 经济距离权重

文化产业 TFP 和文化资源不仅受到地区相邻空间的影响，也会受到不同地区经济发展水平的影响，经济单元之间存在竞争示范效应，因此不同经济单元的空间相关性会随着经济特征的相近而增强（王传荣，2018）。基于此，本节将结合各省份经济距离来构建经济空间距离权重矩阵，具体可以表示为：

$$w_1 = \begin{cases} \dfrac{1}{|gdp_i - gdp_j|}, & i \neq j \\ 0, & i = j \end{cases} \qquad (7-2)$$

其中，gdp_i 和 gdp_j 分别表示省份 i 和 j 的实际 GDP。

7.1.2.2 文化距离权重

文化产业在发展过程中，除了面临相邻距离和经济距离的客观条件影响以外，因自然、社会和人文等因素，随着时空变化会逐渐形成具有地域特性的文化区域，不同文化区域之间存在较强的空间相关性。据此，本章借鉴董晓松等（2013）的思路，根据吴必虎（1996）对中国文化区域[①]的划分，将我国文化区域划分为八个亚文化区，采用二元连接矩阵的方法设定文化矩阵，即如果不同省份（单元）处于同一个文化亚区中，则是文化相邻，否则，不相邻。具体矩阵可以表示为：

---

① 中原文化区包括山西、陕西、甘肃、宁夏、青海、河南、安徽、山东、北京、天津、河北、辽宁；关东文化亚区包括辽宁、黑龙江、吉林和内蒙古；扬子文化亚区包括江苏、安徽、上海、浙江、江西、湖南、湖北和广西；西南文化亚区包括四川、贵州、云南、广西、湖南、陕西部分地区；东南文化亚区包括广东、海南、福建、广西和浙江东南部；蒙古文化亚区包括内蒙古、宁夏和河北；新疆文化亚区包括新疆；青藏文化亚区包括西藏、青海、新疆和四川。

$$w_2 = \begin{Bmatrix} 1, & i\,和\,j\,处于同一文化区 \\ 0, & i\,和\,j\,不处于同一文化区 \end{Bmatrix} \qquad (7-3)$$

7.2　空间相关性分析

在分析文化资源对文化产业 TFP 的空间效应之前，需要检验文化资源和文化产业 TFP 是否存在空间相关性。因此，本节将对文化资源和文化产业 TFP 进行空间数据分析，通过描述和识别主要变量的空间分布特征，即空间自相关现象，判断运用空间计量模型的可行性。

7.2.1　检验方法的选择

目前，常用的空间自相关检验主要是全局莫兰自相关检验和局部莫兰自相关检验两个指标。

7.2.1.1　全局莫兰自相关检验

全局 Moran'I 指数反映的是空间邻接或空间邻近的区域单元属性值的相似程度（Anselin，1988），可以用来判断文化资源和文化产业 TFP 是否存在空间相关性。全局 Moran's I 指数的具体计算公式如下所示：

$$I = \frac{n \sum_{i=1}^{n} \sum_{j=1}^{n} w_{ij}(Y_i - \bar{Y})(Y_j - \bar{Y})}{\sum_{i=1}^{n} \sum_{j=1}^{n} w_{ij} \sum_{i=1}^{n} (Y_i - \bar{Y})^2} \qquad (7-4)$$

其中，n 表示观测样本数量，Y_i 和 Y_j 表示省份 i、j 的数值，$\bar{Y}$ 代表各省份观测值的平均值，w_{ij} 为空间权重矩阵第 i 行和 j 列的元素，代表空间单元 i 和 j 之间的影响程度。全局 Moran's I 指数的取值范围为 $[-1, 1]$，Moran's I >0，表示各区域呈现空间正相关；Moran's I < 0 表示各区域呈空间负相关，Moran's I 为 0，则不存在空间相关性。

7.2.1.2 局部莫兰自相关检验

局部空间自相关分析，一般采用 Local Moran's I 指数和 Moran's I 指数散点图检验不同区域各属性值的局部空间自相关情况。具体计算公式如下所示：

$$I = \frac{(Y_i - \bar{Y}) \sum\limits_{i=1}^{n} w_{ij}(Y_i - \bar{Y})}{S^2} \qquad (7-5)$$

其中，S^2 为方差，其他变量含义与式（7-4）相同。

7.2.2 全局空间相关性检验

本章使用 Moran's I 指数分别对我国各省份文化产业 TFP 和文化资源的全局空间相关性进行分析。表 7-1 报告了经济距离空间权重和文化距离空间权重下 2013～2019 年莫兰指数的检验结果。结果显示，在经济距离空间权重下，省域文化产业 TFP 和文化资源的全局莫兰指数多数年份都通过了 1% 的显著性检验；在文化距离空间权重下，全局莫兰指数多数年份通过了 5% 和 10% 的显著性检验，表明文化资源和文化产业 TFP 呈现正向空间分布。

表 7-1　　2013～2019 年文化产业 TFP 和文化资源的 Moran's I 指数

年份	*tfp*		*culture*	
	经济距离空间权重	文化距离空间权重	经济距离空间权重	文化距离空间权重
2013	0.027	0.007	0.390 ***	0.080 *
2014	0.155 **	0.126 **	0.370 ***	0.135 **
2015	0.183 ***	0.079 *	0.367 ***	0.108 **
2016	0.111 **	0.115 **	0.371 ***	0.073 *

年份	tfp		culture	
	经济距离空间权重	文化距离空间权重	经济距离空间权重	文化距离空间权重
2017	0.229 ***	0.098 *	0.358 ***	0.082 *
2018	0.263 ***	0.125 **	0.337 ***	0.047
2019	0.279 ***	0.145 **	0.342 ***	0.077 *

注：***、**、*分别表示在1%、5%和10%的水平上显著。

整体而言，文化资源空间正向相关的显著性水平优于文化产业 TFP，空间依赖性更高。从莫兰指数来看，不同地区间文化产业 TFP 的正相关性表现出逐年上升的趋势，说明文化产业 TFP 的空间依赖性和聚集性逐渐提升，而文化资源的空间分布状态存在一定波动。Moran's I 指数说明我国文化资源和文化产业 TFP 在空间上并不是分散分布，尽管不同空间距离权重下的 Moran's I 指数存在一定差异，但总体而言，文化资源和文化产业 TFP 在空间上呈现集聚现象，本章将同时列示两种空间距离权重的结果，以充分考察异质性空间距离权重下的空间效应。

7.2.3 局部空间相关性检验

全局莫兰指数无法识别不同省份的空间分布情况，因此，本章将进一步使用局部莫兰指数，分析各省份不同文化产业发展水平下的异质性空间分布特征。

为了更直观地反映空间自相关性，研究选择了 2014 年、2016 年和 2018 年的文化产业全要素生产率和文化资源的局部 Moran's I 散点图进行报告分析。从图 7-1 和图 7-2 可以看出，我国文化产业全要素生产率和文化资源在地理空间上呈现明显的集聚状态，大部分省份位于 H-H 区域和 L-L 区域，表现出空间正相关关系，即文化产业 TFP 和文化资源水平高的省份趋于与同样高水平的省份相邻。同理，较低水平的文化产业 TFP 和文化资源水平的省份与低水平省份相邻。具体来看，西部地区的文化产业 TFP 和文化资源主要落于 L-L 地区，东部地区主要集中于 H-H 地区。其原因主要是，相邻区域具有近似的人文资源和积淀，文化产业的资源条件接近，发展方向相同，故水平较为集中。

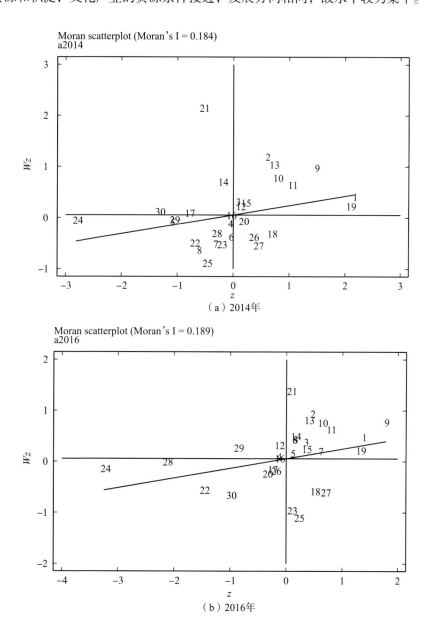

（a）2014年

（b）2016年

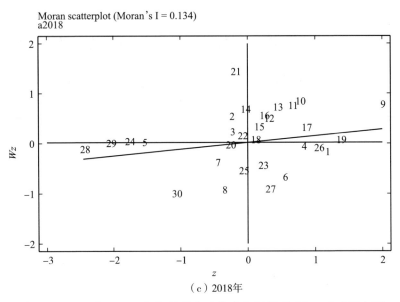

（c）2018年

图 7 - 1 2014 年、2016 年和 2018 年文化产业 TFP 的 Moran's I 散点图

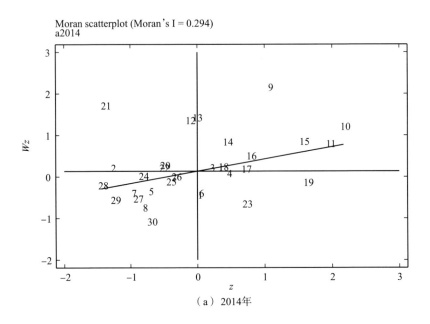

（a）2014年

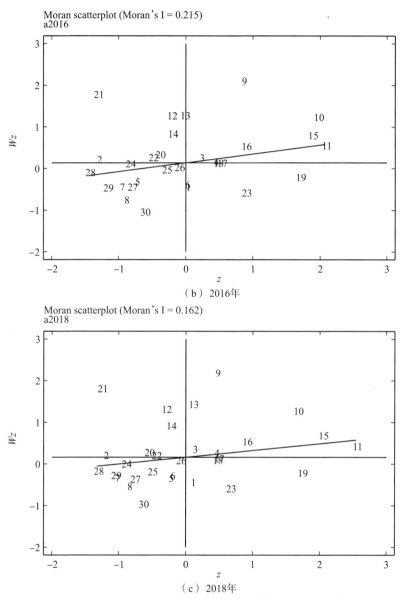

（b）2016年

（c）2018年

图 7 - 2　2014 年、2016 年和 2018 年文化资源的 Moran's I 散点图

全局莫兰指数和莫兰散点图的结果显示，我国文化产业 TFP 和文化资源都存在空间正相关性，水平较高的省份和较低省份均呈现"集聚"趋势。鉴于不同空间距离权重下，产业发展水平和文化资源存在的空间效应不同，研究需要进一步考察空间距离下，文化资源对文化产业 TFP 影响的异质性。

7.3 文化资源对文化产业 TFP 影响的空间效应实证检验

在进行实证检验之前，研究进行了拉格朗日乘数（LM）检验，用以确定空间计量模型的基本形式，检验结果表明，经典 OLS 回归模型的误差项存在显著的空间相关性，进行 LR 检验和 Wald 检验也通过了 1% 的显著性水平检验，表明可以使用更广义的 SDM 模型来检验文化资源对文化产业全要素生产率的空间效应。

因此，实证模型可以进一步设置为：

$$tfp_{it} = \alpha_0 + \rho W \times tfp_{it} + \alpha_1 culture_{it} + \alpha_2 culture_{it}^2 + \alpha_3 X_{it} + \beta_1 Wculture_{it}$$
$$+ \beta_2 Wculture_{it}^2 + \beta_3 W X_{it} + \mu_i + \eta_t + \varepsilon_{it} \qquad (7-6)$$

模型（7-6）包含了文化资源和空间滞后项，由于 OLS 估计会导致结果产生偏误，目前主要采用极大似然法 MLE 对空间面板模型进行估计，但当样本数据有限，对于固定效应的空间面板模型，方差参数的极大似然估计也是不一致的。因此，本章采用李龙飞和虞吉海（Lee & Yu，2010）提出的经过正交转换后的拟极大似然估计方法（QMLE）来估计模型，以解决传统 LSDV 法去均值转换方法导致的误差项自相关问题。

7.3.1 回归结果分析

本小节将同时列示空间自回归模型、空间误差模型和空间杜宾模型的个体和时间固定效应结果，如表 7-2 所示。在空间杜宾模型（SDM）中，使用空间经济距离和文化距离权重的 ρ 值都通过了显著性水平检验，说明文化资源存在正向空间溢出效应，这验证了假设 4，即相近经济水平和文化特征地区的文化产业 TFP 对本地区存在正向促进作用，这也印证了文化产业 TFP 具有明显的 H-H 型和 L-L 型集聚的空间正相关特征。另外，在空间经济距离权重下，culture 和 $culture^2$ 系数分别为 -0.457 和 0.072，文化资源对本地文化产业 TFP 存在显著的 "U" 型影响趋势，$W \times culture$ 系数为 -0.597，$W \times culture^2$ 系数为 0.133，均通过了显著性水平检验，表明文化资源存在空间溢出效应。在空间文化距离权重下，$W \times culture$ 系数为 -0.321，$W \times culture^2$ 的系数为 0.082，分别通过了 10% 和 5% 的显著性水平检验，表明本地区文化资源不利于邻近地区的文化产业 TFP，存在负向竞争性效应，文化资源水平越过拐点后，相邻地区文化资源会从同质化竞争转向合作共赢，呈现 "竞争—合作" 的影响趋势。比较不同距离权重下文化资源的空间效应系数，可以看出经济距离权重下的空间溢出效应略高于文化距离权重，说明文化资源在经济水平接近的地区间空间竞合和集散作用更为激烈，文化资源通过拐点的速度更快。

表 7-2   基准估计结果

变量	经济距离权重			文化距离权重		
	（1）	（2）	（3）	（4）	（5）	（6）
	SAR	SEM	SDM	SAR	SEM	SDM
culture	-0.538 ***	-0.551 ***	-0.457 ***	-0.562 ***	-0.552 ***	-0.570 ***
	（0.190）	（0.194）	（0.147）	（0.190）	（0.188）	（0.173）
$culture^2$	0.095 ***	0.096 ***	0.072 ***	0.100 ***	0.096 ***	0.096 ***
	（0.034）	（0.033）	（0.024）	（0.035）	（0.033）	（0.031）
fd	0.030	0.118	0.177	0.047	0.146	0.313
	（0.084）	（0.180）	（0.228）	（0.080）	（0.164）	（0.254）
rd	0.007	0.005	0.010 **	0.008 *	0.008 *	0.010 ***
	（0.004）	（0.004）	（0.004）	（0.005）	（0.004）	（0.004）

续表

变量	经济距离权重			文化距离权重		
	(1)	(2)	(3)	(4)	(5)	(6)
	SAR	SEM	SDM	SAR	SEM	SDM
market	−0.128 ** (0.054)	−0.110 (0.119)	0.113 (0.076)	−0.143 *** (0.055)	−0.144 * (0.076)	0.130 (0.133)
city	−0.621 ** (0.316)	−0.655 * (0.354)	−0.753 * (0.393)	−0.848 ** (0.350)	−0.962 ** (0.395)	−0.939 ** (0.421)
ln*edu*	0.539 ** (0.237)	0.588 *** (0.221)	0.398 * (0.227)	0.436 * (0.229)	0.513 ** (0.231)	0.318 (0.255)
ln*rgdp*	0.055 (0.046)	0.035 (0.066)	0.015 (0.038)	0.076 * (0.040)	0.053 (0.062)	−0.081 (0.051)
$W \times culture$			−0.597 ** (0.303)			−0.321 * (0.183)
$W \times culture^2$			0.133 * (0.070)			0.082 ** (0.039)
$W \times fd$			−0.251 (0.270)			−0.354 (0.251)
$W \times rd$			0.010 * (0.005)			0.002 (0.006)
$W \times market$			−0.334 *** (0.084)			−0.326 ** (0.148)
$W \times city$			−0.144 (0.944)			0.554 (0.749)
$W \times \text{ln}edu$			−0.720 (0.520)			−0.590 * (0.346)
$W \times rgdp$			0.238 ** (0.111)			0.173 ** (0.088)
个体固定效应	YES	YES	YES	YES	YES	YES
时间固定效应	YES	YES	YES	YES	YES	YES
rho	0.405 *** (0.113)		0.214 * (0.111)	0.354 *** (0.086)		0.238 *** (0.070)
lambda		0.450 * (0.253)			0.389 ** (0.173)	

变量	经济距离权重			文化距离权重		
	(1)	(2)	(3)	(4)	(5)	(6)
	SAR	SEM	SDM	SAR	SEM	SDM
sigma2_e	0.002 *** (0.000)	0.002 *** (0.000)	0.001 *** (0.000)	0.002 *** (0.000)	0.002 *** (0.000)	0.001 *** (0.000)
N	210	210	210	210	210	210
R^2	0.268	0.271	0.259	0.360	0.355	0.274

注：括号内为稳健标准误，*** 、** 、* 分别表示在 1% 、5% 和 10% 的水平上显著。

控制变量回归结果显示，创新强度在使用经济距离权重的空间杜宾模型下，回归系数为 0.010，达到 10% 的显著性水平，在空间文化距离权重下没有通过显著性水平检验，说明创新强度对经济水平相近地区的文化产业 TFP，具有显著的空间溢出效应，而文化特征相似的地区间，创新技术的空间溢出效应较弱，表明经济方面的黏合性更有利于创新技术的交流和互动。市场化水平的估计系数在空间经济距离权重和空间文化距离权重下对本地区文化产业 TFP 具有促进作用，但是 $W \times market$ 分别为 -0.334 和 -0.326，都通过了显著性水平检验，这意味着地区市场化水平存在显著的负向溢出效应，本地区市场化水平会对邻近地区的文化产业发展产生显著的竞争性效应，即市场化水平越高，经济水平和文化特征近似的地区文化产业 TFP 水平越低，这说明在地区经济水平和文化特征接近的情况下，生产要素会流向市场化水平更高的地区，形成要素聚集效应，锁定有限的生产要素，促进本地区文化产业快速发展，而要素流出地区的文化产业则无法在市场竞争中获得优势。城市化水平对本地文化产业 TFP 具有显著的抑制性作用，结果与第 5 章一致，但 $W \times city$ 在文化空间距离权重下为正。原因可能在于，虽然单个地区的城市化水平增加了文化产业的生产成本，但是同一文化区域通过整合文化资源，形成了文化资源廊道和文化资源集聚，提升了地区间文化产业的协同效应，降低了资源成本，进而促进了相邻地区文化产业 TFP 的进步。劳动力质量对文化邻近地区文化产业具有较为显著的负向溢出效应，表明地区间劳动力受教育年限的提升抑制了相邻地区文化产业 TFP 水平，人均 GDP 具有显著的正向溢出效应，说明潜在的文化消费能力可以促进文化产业 TFP 整体效率的提升，拉近经济距离和文化距离，形成统一的文化市场，推动文化内容商品化，提升文化产业 TFP 水平。

空间自回归模型（SAR）无论基于哪种空间距离权重，ρ 值均显著为正，这说明各省份文化产业 TFP 存在显著的空间效应。在空间误差模型（SEM）中，使用空间经济距离和空间文化距离的空间误差项相关系数均为超过 1% 的显著性，说明导致文化产业 TFP 空间正相关的影响因素不在研究的变量范围内，扰动误差导致空间经济距离和文化距离上，我国不同省份文化产业 TFP 的正相关关系。

7.3.2 空间边际效应分析

勒萨热和佩斯（Lesage & Pace，2009）认为，解释变量的系数估计值不能等同于其边际效应，应该采用偏微分法解释变量变化的影响，故将 SDM 模型改写为：

$$Y = (I - \partial W)^{-1}(X\beta + WX\gamma) + \xi = (I + \partial W + \partial^2 W^2 + \cdots)(X\beta + WX\gamma) + \xi$$

$$(7-7)$$

其中，ξ 是剩余项，包括截距和误差，对于第 k 个解释变量 x，对应的因变量 Y 的偏导数矩阵可以表示为：

$$\left[\frac{\partial E(Y)}{\partial x_{1k}} \cdot \frac{\partial E(Y)}{\partial x_{nk}} \right] = (I - \alpha W)^{-1} \begin{bmatrix} \beta_k & w_{12}\gamma_k & \cdot & w_{1n}\gamma_k \\ w_{21}\gamma_k & \beta_k & \cdot & w_{2n}\gamma_k \\ \cdot & \cdot & \cdot & \cdot \\ w_{n1}\gamma_k & w_{n2}\gamma_k & \cdot & \beta_k \end{bmatrix} \quad (7-8)$$

从以上矩阵可以看出，当 W 为 0 时，表示模型为非空间计量模型，其解释变量的参数估计值代表边际效益。当 W 不为 0 时，即表示包含因变量空间模型。此时，某一特定空间的单一解释变量的变化，会导致因变量和其他空间单元因变量的变化产生直接效应和间接效应。

上述分析表明，通过将空间效应区分为直接效应和间接效应能够更准确地分辨文化资源空间效应的边际影响。因此，本章将进一步采用偏微分法分解空间总效应，分析文化资源对文化产业 TFP 影响的直接效应和间接效应，结果如表 7-3 所示。经济距离和文化距离权重下解释变量的直接效应、间接效应和总效应系数方向和显著性水平与空间基准回归模型结果一致，这也表明基准回归结果是稳健的。

表 7-3　　　　　基于 SDM 模型的空间效应分解结果

项目	变量	经济距离权重	文化距离权重
直接效应	culture	-0.480 *** (0.154)	-0.584 *** (0.179)
	$culture^2$	0.077 *** (0.026)	0.099 *** (0.032)
	fd	0.175 (0.220)	0.315 (0.241)
	rd	0.010 *** (0.004)	0.011 *** (0.004)
	market	0.104 (0.072)	0.122 (0.130)
	city	-0.772 ** (0.382)	-0.930 ** (0.392)
	lnedu	0.359 (0.238)	0.299 (0.253)
	lnrgdp	0.023 (0.035)	-0.077 (0.051)

续表

项目	变量	经济距离权重	文化距离权重
间接效应	*culture*	−0. 899 * (0. 463)	−0. 578 ** (0. 243)
	culture^2	0. 192 * (0. 106)	0. 132 ** (0. 056)
	fd	−0. 271 (0. 270)	−0. 368 (0. 239)
	rd	0. 015 *** (0. 006)	0. 006 (0. 008)
	market	−0. 387 *** (0. 091)	−0. 379 ** (0. 147)
	city	−0. 430 (1. 193)	0. 418 (0. 901)
	lnedu	−0. 818 (0. 678)	−0. 655 (0. 415)
	lnrgdp	0. 316 ** (0. 149)	0. 198 * (0. 114)
总效应	*culture*	−1. 379 *** (0. 505)	−1. 162 *** (0. 323)
	culture^2	0. 269 ** (0. 115)	0. 231 *** (0. 074)
	fd	−0. 096 (0. 116)	−0. 052 (0. 141)
	rd	0. 025 *** (0. 006)	0. 017 (0. 011)
	market	−0. 284 *** (0. 059)	−0. 256 *** (0. 066)
	city	−1. 202 (1. 250)	−0. 512 (0. 901)
	lnedu	−0. 460 (0. 795)	−0. 356 (0. 475)
	lnrgdp	0. 339 ** (0. 153)	0. 121 (0. 114)

注：括号内为稳健标准误，*** 、** 、* 分别表示在1%、5%和10%的水平上显著。

（1）直接效应。在两种空间距离因素下，一阶文化资源系数都显著为负，二阶文化资源系数都显著为正，表明文化资源可以直接影响本地文化产业 TFP，且这种影响是非线性的。其他控制变量的回归系数影响方向与显著性与第 5 章检验结果一致。

（2）间接效应。在经济距离和文化距离权重下，文化资源的一阶系数都显著为负，二阶系数都显著为正，说明本地区文化资源对经济水平和文化特征邻近地区文化产业 TFP 存在显著的空间溢出效应，且这种空间溢出效应是非线性的。文化资源空间溢出效应的方向取决于地区间"竞争—合作"的转化，空间溢出效应的大小则取决于扩散效应下的"离心力"和集聚效应下的"向心力"之间的抗衡（杨玉玲，2021）。一方面，经济和文化距离越近，意味着不同地区经济水平和文化习俗越相似，地方在构建经济结构和选择文化产业发展方向上越容易出现雷同，为了争夺有限的生产要素和"资源租"，邻近地区政府会实行竞争性的文化产业政策，盲目模仿文化资源开发模式，进入资源开发陷阱。企业竞相降低文化产品价格，扰乱市场秩序，降低要素配置效率，抑制邻近地区文化产业 TFP 进步。另一方面，随着相邻地区文化产业 TFP 持续萎靡，地方文化产业发展意识发生转变，不同地区开始选择合作共赢的发展模式，地区间的文化产业协同效应逐渐增强，经济和文化相近地区的文化资源实现融合和质变，故形成正向的空间溢出效应，推动邻近地区文化产业 TFP 的发展。

与此同时，文化资源在扩散效应的作用下，促进了本地区文化技能、知识和文化从业人员与邻近地区的互动，一方面，为文化落后地区带来了产业示范效应和带动效应；另一方面，也引致了文化高地向文化落后地区的倾销，挤占邻近地区文化资源的空间占有率。可见文化资源扩散效应对邻近地区文化产业既带来机遇，也带来挑战。在集聚效应下，文化产业发达地区会不断吸引落后地区的生产要素流入，提升文化资源优势，增强文化企业规模经济效应，促进文化产业 TFP 进步。为了规避拥挤成本和文化资源同质化问题，文化企业和文化创作者开始转变生产策略，又开始向周边生产和创作成本低的地区转移，开始新的文化集聚生产。

（3）总效应。两种空间权重矩阵下一阶文化资源系数都显著为负，二阶文化资源系数都显著为正，表明文化资源对相邻地区文化产业 TFP 的影响是非线性的。

7.3.3 稳健性检验

基准回归模型对比列示了两种空间距离和三种空间模型的结果，为了进一步检验模型的稳健性，本节主要通过替换空间距离权重和改变控制变量的方法进行稳健性检验。

7.3.3.1 替换空间距离权重

（1）经济公路距离权重。随着我国交通路网的构建和完善，公路和高铁极大地缩短了沿线省份文化中心间的时间距离，交通通达性的提高推动了文化资源的集聚和扩散，进而影响文化产业 TFP，因此考虑经济特征就需要结合地理信息构建新的经济距离权重矩阵，反映空间效应和地区间的经济特征关系。本章参考杨玉玲（2016）的方法，在经济距离的框架下引入公路距离权重，进行稳健性检验。具体方法是，先构建两两省会间公路反距离矩阵 w_3，然后和经济距离矩阵 w_1 相乘，获得经济公路距离矩阵 w_4。使用经济公路距离空间权重的回归结果如表 7-4 列（1）~列（3）所示，空间滞后项系数和误差回归系数都通过了显著性水平检验，ρ 值显著为正，表明文化产业 TFP 存在显著的空间效应。$W \times culture$ 系数显著为负，$W \times culture^2$ 系数显著为正，说明文化资源对相邻地区具有显著的空间溢出效应，结论与前文检验结果一致。

表 7 - 4   替换空间距离权重的稳健性检验结果

变量	经济公路距离权重			文化方言距离权重		
	（1）	（2）	（3）	（4）	（5）	（6）
	SAR	SEM	SDM	SAR	SEM	SDM
$culture$	- 0.491 ***	- 0.514 **	- 0.381 ***	- 0.581 ***	- 0.624 ***	- 0.625 ***
	（0.189）	（0.202）	（0.147）	（0.204）	（0.212）	（0.192）
$culture^2$	0.085 **	0.087 **	0.060 **	0.104 ***	0.110 ***	0.113 ***
	（0.033）	（0.035）	（0.025）	（0.037）	（0.038）	（0.033）
fd	0.021	0.091	0.085	0.009	0.026	0.249
	（0.084）	（0.159）	（0.252）	（0.084）	（0.098）	（0.235）
rd	0.006	0.005	0.010 **	0.007	0.007	0.009 **
	（0.004）	（0.004）	（0.004）	（0.005）	（0.005）	（0.004）
$market$	- 0.125 **	- 0.120	0.153 **	- 0.153 **	- 0.163 **	0.128
	（0.057）	（0.106）	（0.078）	（0.062）	（0.075）	（0.087）
$city$	- 0.572 *	- 0.608 *	- 0.660 *	- 0.727 **	- 0.754 **	- 0.576
	（0.313）	（0.361）	（0.390）	（0.342）	（0.366）	（0.368）
lnedu	0.517 **	0.550 **	0.422 *	0.511 **	0.499 **	0.486 **
	（0.235）	（0.219）	（0.229）	（0.242）	（0.245）	（0.233）
lnrgdp	0.054	0.040	- 0.044	0.083 *	0.091 *	- 0.025
	（0.046）	（0.064）	（0.034）	（0.044）	（0.048）	（0.060）
$W \times culture$			- 0.539 **			- 0.213
			（0.226）			（0.209）
$W \times culture^2$			0.125 ***			0.083 *
			（0.057）			（0.045）
$W \times fd$			- 0.120			- 0.246
			（0.286）			（0.265）
$W \times rd$			0.007			0.005
			（0.005）			（0.003）
$W \times market$			- 0.354 ***			- 0.310 ***
			（0.075）			（0.075）

续表

变量	经济公路距离权重			文化方言距离权重		
	(1)	(2)	(3)	(4)	(5)	(6)
	SAR	SEM	SDM	SAR	SEM	SDM
$W \times city$			-0.013 (0.652)			0.038 (0.508)
$W \times lnedu$			-0.534 (0.550)			0.130 (0.303)
$W \times lnrgdp$			0.204 ** (0.097)			0.007 (0.076)
个体固定效应	YES	YES	YES	YES	YES	YES
时间固定效应	YES	YES	YES	YES	YES	YES
rho	0.402 *** (0.118)		0.266 ** (0.112)	0.180 ** (0.082)		0.116 * (0.069)
lambda		0.431 ** (0.217)			0.172 * (0.098)	
sigma2_e	0.002 *** (0.000)	0.002 *** (0.000)	0.001 *** (0.000)	0.002 *** (0.000)	0.002 *** (0.000)	0.001 *** (0.000)
N	210	210	210	210	210	210
R^2	0.248	0.265	0.223	0.284	0.290	0.058

注：括号内为稳健标准误，***、**、*分别表示在1%、5%和10%的水平上显著。

（2）文化方言距离权重。尽管我国的官方语言是普通话，但我国疆域辽阔，各地区受社会、历史和地理等因素，在语音、词汇和语法等方面形成了不同方言。语言的差异性影响了信息传递和文化传播，因此方言特征也反映了地区间的文化特征关系。其中，省会城市作为地区经济文化中心，属于区域文化核心圈，其汉语方言特征更能反映地区间文化廊带以及文化产业集群的特点，故本章选择省会城市方言距离作为文化距离的替换权重，具体设置方法和思路与文化距离一致，采用二元连接矩阵的方法设定文化方言①矩阵，即如果不同省会城市（单元）使用同一方言，则是文化方言相邻，否则，不相邻。具体矩阵可以表示为：

$$w_5 = \begin{cases} 1，i \text{ 和 } j \text{ 使用同一方言} \\ 0，i \text{ 和 } j \text{ 使用不同方言} \end{cases} \qquad (7-9)$$

使用文化方言距离空间权重的检验结果如表 7 - 4 列（4）~ 列（6）所示，空间滞后项系数和误差回归系数都通过了显著性水平检验，ρ 值显著为正。$W \times culture$ 系数显著为负，$W \times culture^2$ 系数显著为正，其他变量系数和方向与前文基本一致，说明本章研究文化距离权重选择较为合理，文化资源空间溢出效应结论是稳健的。

7.3.3.2 改变控制变量

基准回归检验中使用了修正 QMLE 法，且同时控制了个体和时间固定效应，表 7 - 5 报告了使用 MLE 方法，只控制个体固定效应的回归结果。结果显示，在不同空间距离下，空间滞后模型、空间误差模型和空间杜宾模型的回归结果与基准模型结果一致，进一步说明研究结论具有稳健性。

表 7 - 5 　　　　　　　　　　　替换控制变量的稳健性检验结果

变量	经济距离权重			文化距离权重		
	（1）	（2）	（3）	（4）	（5）	（6）
	SAR	SEM	SDM	SAR	SEM	SDM
culture	-0.538 *** (0.190)	-0.551 *** (0.194)	-0.457 *** (0.147)	-0.562 *** (0.190)	-0.552 *** (0.188)	-0.570 *** (0.173)

---

① 根据教育部 2019 年《中国语言文字概况》将汉语方言分为十大方言：官话方言、晋方言、吴方言、闽方言、客家方言、粤方言、湘方言、赣方言、徽方言、平话土话，其中官话方言分为东北官话、北京官话、冀鲁官话、胶辽官话、中原官话、兰银官话、江淮官话、西南官话。各省会城市方言分布数据来源于 CSMAR 数据库。

续表

变量	经济距离权重			文化距离权重		
	(1)	(2)	(3)	(4)	(5)	(6)
	SAR	SEM	SDM	SAR	SEM	SDM
$culture^2$	0.095 *** (0.034)	0.096 *** (0.033)	0.072 *** (0.024)	0.100 *** (0.035)	0.096 *** (0.033)	0.096 *** (0.031)
fd	0.030 (0.084)	0.118 (0.180)	0.177 (0.228)	0.047 (0.080)	0.146 (0.164)	0.313 (0.254)
rd	0.007 (0.004)	0.005 (0.004)	0.010 ** (0.004)	0.008 * (0.005)	0.008 * (0.004)	0.010 *** (0.004)
$market$	−0.128 ** (0.054)	−0.110 (0.119)	0.113 (0.076)	−0.143 *** (0.055)	−0.144 * (0.076)	0.130 (0.133)
$city$	−0.621 ** (0.316)	−0.655 * (0.354)	−0.753 * (0.393)	−0.848 ** (0.350)	−0.962 ** (0.395)	−0.939 ** (0.421)
$lnedu$	0.539 ** (0.237)	0.588 *** (0.221)	0.398 * (0.227)	0.436 * (0.229)	0.513 ** (0.231)	0.318 (0.255)
$lnrgdp$	0.055 (0.046)	0.035 (0.066)	0.015 (0.038)	0.076 * (0.040)	0.053 (0.062)	−0.081 (0.051)
$W \times culture$			−0.597 ** (0.303)			−0.321 * (0.183)
$W \times culture^2$			0.133 * (0.070)			0.082 ** (0.039)
$W \times fd$			−0.251 (0.270)			−0.354 (0.251)
$W \times rd$			0.010 * (0.005)			0.002 (0.006)
$W \times market$			−0.334 *** (0.084)			−0.326 ** (0.148)
$W \times city$			−0.144 (0.944)			0.554 (0.749)
$W \times lnedu$			−0.720 (0.520)			−0.590 * (0.346)

续表

变量	经济距离权重			文化距离权重		
	（1）	（2）	（3）	（4）	（5）	（6）
	SAR	SEM	SDM	SAR	SEM	SDM
$W \times lnrgdp$			0.238 ** （0.111）			0.173 ** （0.088）
个体固定效应	YES	YES	YES	YES	YES	YES
时间固定效应	NO	NO	NO	NO	NO	NO
rho	0.405 *** （0.113）		0.214 * （0.111）	0.354 *** （0.086）		0.238 *** （0.070）
lambda		0.450 * （0.253）			0.389 ** （0.173）	
sigma2_e	0.001 *** （0.000）	0.001 *** （0.000）	0.001 *** （0.000）	0.001 *** （0.000）	0.001 *** （0.000）	0.001 *** （0.000）
N	210	210	210	210	210	210
R^2	0.268	0.271	0.259	0.360	0.355	0.274

注：括号内为稳健标准误，*** 、** 、* 分别表示在 1% 、5% 和 10% 的水平上显著。

7.3.4 内生性检验

由第 5 章分析可知，文化资源在形成过程中与文化产业 TFP 可能存在一定的双向因果关系，随着交通设施的完善以及信息技术在文化领域的渗透，增加了地区间文化资源和生产要素的交流，文化产业 TFP 水平高的地区的文化资源会向低水平地区溢出。因此，识别文化资源和文化产业 TFP 的内生因果关系非常重要。本章研究基于空间杜宾模型，在不同空间权重矩阵下，利用 QMLE 估计了文化资源对文化产业 TFP 的影响，解决了一些因果效应导致的内生性问题，且使用 SEM 和 SAR 模型，以及从替换空间距离权重和改变控制变量等方面进行了稳健性检验，一定程度上也缓解了模型设定等带来的内生性问题。本小节将滞后一期的文化产业 TFP 和空间滞后项引入静态 SDM 模型，考虑文化产业 TFP 在时空变化上的路径，构建如下动态 SDM 模型进行内生性检验：

$$tfp_{it} = \alpha_0 + \delta tfp_{it-1} + \rho W \times tfp_{i,t-1} + \alpha_1 culture_{it} + \alpha_2 culture_{it}^2 + \alpha_3 X_{it}$$

$$+ \beta_1 Wculture_{it} + \beta_2 Wculture_{it}^2 + \beta_3 WX_{it} + \mu_i + \eta_t + \varepsilon_{it} \qquad (7-10)$$

其中，tfp_{it}、$tfp_{i,t-1}$ 分别表示当期和滞后一期的文化产业 TFP。δ 和 ρ 表示被解释变量的时间滞后系数和空间滞后系数，反映了被解释变量的时间序列依赖和不同决策单元的空间相关性。为了解决静态 SDM 模型可能存在的内生性问题，进一步检验基准回归结果的稳健性，本章研究使用地理距离权重矩阵，对时空双固定动态空间效应模型进行内生性检验，结果如表 7-6 所示。文化资源对文化产业 TFP 的影响系数均通过了显著性水平检验，这与基准回归结果一致，说明动态 SDM 模型文化资源对本地区和邻近地区文化产业 TFP 影响都存在非线性关系，进一步证明研究结果是稳健的。此外 $l.\ tfp$ 回归系数显著为正，$l.\ Wtfp$ 回归系数显著为负，表明本地区文化产业 TFP 对当期 TFP 具有正向累积效应，而邻近地区前期的文化产业 TFP 对本地区当期 TFP 具有显著的负面影响，说明地区间文化产业存在"竞争—合作"的演变过程。

表 7-6　　　　　　　　　　动态空间杜宾模型回归结果

变量	（1）Main	（2）Wx	（3）直接效应	（4）间接效应	（5）总效应
$l.\ tfp$	0.350 *** (0.089)				
$l.\ Wtfp$	-1.205 ** (0.523)				
$culture$	-0.610 *** (0.183)	-2.457 *** (0.857)	-0.798 ** (0.370)	-0.389 (0.534)	-1.187 *** (0.347)

续表

变量	（1）	（2）	（3）	（4）	（5）
	Main	Wx	直接效应	间接效应	总效应
$culture^2$	0.113 ***	0.535 ***	0.134 **	0.117	0.251 ***
	(0.033)	(0.175)	(0.065)	(0.104)	(0.073)
fd	0.163	3.880 **	−0.317	1.813 *	1.495 **
	(0.150)	(1.656)	(0.481)	(1.005)	(0.614)
rd	0.002	−0.011	0.007	−0.010 *	−0.004
	(0.003)	(0.014)	(0.004)	(0.005)	(0.006)
$market$	0.124 *	−1.524 ***	0.536 *	−1.077 ***	−0.541 ***
	(0.072)	(0.378)	(0.280)	(0.360)	(0.136)
$city$	−0.103	−3.632	0.435	−1.855	−1.420
	(0.324)	(3.064)	(0.899)	(1.768)	(1.156)
lnedu	0.530 **	1.712	0.800 *	0.084	0.885
	(0.241)	(1.551)	(0.466)	(0.853)	(0.667)
lnrgdp	−0.020	0.087	−0.052	0.084	0.033
	(0.041)	(0.227)	(0.091)	(0.137)	(0.089)
rho	0.760 ***				
	(0.210)				
sigma2_e	0.001 ***				
	(0.000)				

注：括号内为稳健标准误，***、**、*分别表示在1%、5%和10%的水平上显著。

7.4 文化资源对文化产业 TFP 影响的空间效应异质性分析

7.4.1 区域异质性视角下的空间效应分析

区域异质性视角下的回归结果如表 7 - 7 所示，在经济距离权重下，只有中部地区的空间滞后项系数 ρ 显著为正，说明中部地区文化产业 TFP 存在空间依赖关系。原因可能在于，中部地区文化资源水平相对较低，但地区内各省份经济发展水平接近，相邻地区生产要素互动频繁，文化资源扩散效应"离心力"和集聚效应"向心力"的实力均衡，因此该地区文化产业 TFP 存在空间依赖关系，但是文化资源的空间溢出效应并不显著，导致中部地区文化产业 TFP 趋于较低的稳态水平。

表 7-7 不同地区空间回归模型估计结果

变量	经济距离权重			文化距离权重		
	东部	中部	西部	东部	中部	西部
culture	-0.700 *** (0.141)	1.115 ** (0.518)	-1.349 *** (0.414)	-0.664 *** (0.181)	0.844 * (0.445)	-1.431 *** (0.373)
culture^2	0.110 *** (0.024)	-0.276 ** (0.127)	0.326 *** (0.115)	0.105 *** (0.031)	-0.220 ** (0.106)	0.361 *** (0.109)
fd	0.161 (0.210)	0.139 (0.212)	0.052 (0.214)	0.246 (0.220)	0.269 (0.234)	0.163 (0.216)
rd	0.009 *** (0.003)	0.009 ** (0.003)	0.009 *** (0.003)	0.010 *** (0.003)	0.009 *** (0.003)	0.007 *** (0.002)
market	0.133 * (0.080)	0.136 * (0.070)	0.069 (0.075)	0.077 (0.112)	0.141 (0.116)	0.021 (0.103)
city	-0.923 ** (0.364)	-0.590 (0.380)	-0.635 * (0.337)	-0.963 *** (0.346)	-0.840 ** (0.428)	-0.678 ** (0.317)
lnedu	0.382 * (0.211)	0.448 ** (0.219)	0.366 * (0.209)	0.241 (0.215)	0.464 * (0.256)	0.272 (0.197)
lnrgdp	0.017 (0.038)	0.003 (0.032)	0.016 (0.035)	-0.063 (0.040)	-0.086 * (0.052)	-0.054 (0.039)
$W \times culture$	-0.438 (0.523)	0.106 (2.098)	-1.508 (1.087)	-0.000 (0.005)	0.001 (0.006)	0.000 (0.006)
$W \times culture^2$	0.061 (0.108)	-0.047 (0.518)	0.494 (0.321)	-0.259 ** (0.125)	-0.336 ** (0.133)	-0.197 * (0.110)

续表

变量	经济距离权重			文化距离权重		
	东部	中部	西部	东部	中部	西部
$W \times fd$	-0.278 (0.265)	-0.221 (0.252)	-0.184 (0.259)	-0.379 (0.350)	-0.365 (0.389)	-0.444 (0.351)
$W \times rd$	0.005 (0.005)	0.007 (0.006)	0.004 (0.006)	-0.248 (0.233)	-0.331 (0.228)	-0.160 (0.236)
$W \times market$	-0.351*** (0.076)	-0.365*** (0.080)	-0.281*** (0.078)	0.404 (0.677)	0.280 (0.689)	0.229 (0.730)
$W \times city$	0.260 (0.924)	-0.545 (0.963)	-0.033 (0.956)	0.167* (0.095)	0.160* (0.084)	0.133 (0.097)
$W \times lnedu$	-0.738 (0.513)	-0.662 (0.520)	-0.927* (0.501)	-0.664*** (0.181)	0.844* (0.445)	-1.431*** (0.373)
$W \times lnrgdp$	0.210* (0.112)	0.295*** (0.112)	0.271** (0.112)	0.105*** (0.031)	-0.220** (0.106)	0.361*** (0.109)
个体固定效应	YES	YES	YES	YES	YES	YES
时间固定效应	YES	YES	YES	YES	YES	YES
rho	0.137 (0.101)	0.202** (0.094)	0.100 (0.096)	0.263*** (0.062)	0.171** (0.073)	0.253*** (0.059)
sigma2_e	0.001*** (0.000)	0.001*** (0.000)	0.001*** (0.000)	0.001*** (0.000)	0.001*** (0.000)	0.001*** (0.000)
N	84	63	63	84	63	63
R^2	0.066	0.007	0.286	0.100	0.012	0.278

注：括号内为稳健标准误，***、**、*分别表示在1%、5%和10%的水平上显著。

在文化距离权重下，三大区域空间滞后项系数 ρ 都显著为正，说明东部、中部、西部文化产业 TFP 存在显著的空间依赖关系。其中，东部地区 culture 和 culture² 的回归系数分别是 -0.664 和 0.105，都达到了 1% 的显著性水平，但 $W \times culture$ 的回归系数没有通过显著性检验，表明东部地区文化资源与本地区文化产业存在显著的非线性关系，但与邻近地区文化产业 TFP 相关性较弱。结合第 4 章东部地区存在阶段性 σ 收敛和条件 β 收敛的结论，可以看出，东部地区较低的文化资源空间溢出效应，以及地区间较差的文化产业示范带动和协同共促作用是导致东部地区文化产业 TFP 发散的主要原因。

中部地区 $W \times culture$ 没有通过显著性水平检验，表明中部地区文化资源对文化邻近地区不存在非线性影响。$culture$ 的回归系数显著为正，$culture^2$ 的回归系数显著为负，表明考虑了文化资源的空间效应，在不同空间距离权重下中部地区文化资源与本地区文化产业都存在显著的倒"U"型关系。由于中部地区具有较好的空间区位优势，交通便利性和通达性优于西部地区，且该地区文化资源存量水平较为均衡，导致中部地区文化产业在发展初期，文化资源优势可以促进人力资本和经济资本流动，降低生产要素成本，推动文化产业 TFP 提升。然而，中部地区文化资源更新动力不足，文化资源结构调整缓慢，文化资源劣势弱化了相对区位优势，因此抑制了文化产业 TFP 的发展，拖累了文化产业 TFP 条件 β 收敛速度。综上所述，从长期来看，中部地区文化产业将被西部地区超越。

西部地区 $culture$ 和 $culture^2$ 的回归系数分别是 -1.431 和 0.361，都通过 1% 的显著性水平检验，$W \times culture$ 的系数不显著为正，$W \times culture^2$ 的系数显著为负，说明西部地区文化资源仅对本地区产业效率存在"U"型影响趋势。西部地区现代文化资源正处于形成和挖掘阶段，一方面改善资源结构成本较高，另一方面创新资源和信息化资源对文化 TFP 的影响存在一定的滞后性，因此文化资源对本地区文化产业存在"先抑制后促进"的影响趋势。另外，该地区地理区域广袤，文化资源多样，存在众多文化廊道和文化聚落，因此文化资源会优先沿文化历史脉络与邻近地区形成紧密的联系，与关联区域文化产业形成共促作用，对相邻地区文化产业的影响表现为"先促进后抑制"。

7.4.2 效率异质性视角下的空间效应分析

第 4 章研究表明，文化产业 TFP 分解项的变动趋势存在较大差异，为了探究文化资源对文化产业不同效率影响的时空变化趋势，本节将 TFP 分解项代入式（7 - 6）进行空间效应检验。

表 7 - 8 报告了两种空间距离权重下技术效率、技术进步、配置效率和规模效率 SDM 模型的回归结果。检验结果显示，各解释变量的回归系数差距较大，在经济距离权重下，如列（1）和列（2）所示，只有技术效率和技术进步的 ρ 值显著为正，进一步研究发现，文化资源仅对邻近地区技术效率存在显著的非线性影响。在文化距离权重下，如列（6）所示，文化资源只对本地区技术进步存在非线性影响。总体来讲，两种空间距离下，配置效率和规模效率都不存在明显的空间依赖关系，原因在于文化技术效率和技术进步发展趋势稳定，随着信息技术渗入文化产业，打破了相邻地区的地理距离，缩短了地区间的经济和技术沟壑，因此文化产业技术在地区间实现了正向的空间溢出，技术交流和技术共创推动了文化产业整体的技术效率水平和技术进步。

表 7 - 8 分解项空间回归模型估计结果

变量	经济距离权重			
	（1）	（2）	（3）	（4）
$culture$	- 0. 001 (0. 003)	- 0. 062 (0. 049)	- 0. 362 * (0. 219)	- 0. 039 (0. 195)
$culture^2$	0. 001 (0. 001)	0. 012 (0. 011)	0. 060 (0. 037)	0. 001 (0. 034)
fd	- 0. 005 (0. 004)	0. 161 ** (0. 071)	0. 247 (0. 250)	- 0. 231 (0. 224)
rd	- 0. 000 (0. 000)	0. 003 *** (0. 001)	0. 004 (0. 003)	0. 002 (0. 004)
$market$	0. 004 ** (0. 002)	0. 017 (0. 028)	0. 196 *** (0. 075)	- 0. 121 ** (0. 061)
$city$	- 0. 017 ** (0. 008)	- 0. 503 *** (0. 161)	- 0. 719 * (0. 408)	0. 470 (0. 402)

续表

变量	经济距离权重			
	（1）	（2）	（3）	（4）
lnedu	0.008 *** (0.003)	0.046 (0.051)	−0.133 (0.307)	0.486 (0.350)
lnrgdp	0.006 *** (0.001)	−0.012 (0.014)	0.021 (0.048)	−0.014 (0.045)
$W \times culture$	−0.021 *** (0.005)	−0.041 (0.083)	−0.112 (0.395)	−0.375 (0.340)
$W \times culture^2$	0.005 *** (0.001)	0.011 (0.021)	0.029 (0.079)	0.078 (0.068)
$W \times fd$	0.003 (0.004)	−0.166 ** (0.078)	−0.502 (0.317)	0.462 * (0.253)
$W \times rd$	0.000 ** (0.000)	0.000 (0.002)	0.007 (0.005)	0.001 (0.005)
$W \times market$	−0.004 ** (0.002)	−0.033 (0.027)	−0.192 ** (0.095)	−0.100 (0.107)
$W \times city$	−0.036 * (0.019)	0.786 *** (0.294)	0.616 (0.982)	−2.190 * (1.215)
$W \times lnedu$	0.001 (0.007)	−0.023 (0.153)	−1.915 ** (0.781)	1.364 * (0.728)
$W \times lnrgdp$	0.001 (0.002)	0.026 (0.038)	0.166 * (0.089)	0.069 (0.111)
个体固定效应	YES	YES	YES	YES
时间固定效应	YES	YES	YES	YES
rho	0.777 *** (0.052)	0.650 *** (0.064)	0.172 (0.148)	0.077 (0.171)
sigma2_e	0.000 *** (0.000)	0.000 *** (0.000)	0.003 *** (0.001)	0.003 ** (0.001)
N	210	210	210	210
R^2	0.027	0.008	0.127	0.047

续表

变量	文化距离权重			
	（5）	（6）	（7）	（8）
culture	− 0. 008 ** （0. 004）	− 0. 097 ** （0. 047）	− 0. 393 * （0. 211）	− 0. 095 （0. 144）
culture^2	0. 002 *** （0. 001）	0. 019 * （0. 011）	0. 072 ** （0. 035）	0. 006 （0. 022）
fd	0. 004 （0. 006）	0. 256 *** （0. 088）	0. 463 ** （0. 221）	− 0. 446 * （0. 229）
rd	0. 000 （0. 000）	0. 002 *** （0. 001）	0. 005 ** （0. 002）	0. 002 （0. 004）
market	0. 009 *** （0. 003）	0. 015 （0. 034）	0. 177 （0. 110）	− 0. 061 （0. 164）
city	− 0. 031 *** （0. 011）	− 0. 487 ** （0. 204）	− 1. 064 *** （0. 411）	0. 691 * （0. 402）
ln*edu*	0. 005 （0. 005）	0. 054 （0. 062）	− 0. 146 （0. 185）	0. 396 （0. 283）
ln*rgdp*	0. 005 *** （0. 001）	− 0. 015 （0. 019）	− 0. 049 （0. 072）	− 0. 010 （0. 059）
$W \times culture$	0. 000 （0. 006）	− 0. 050 （0. 077）	− 0. 439 （0. 447）	0. 080 （0. 310）
$W \times culture^2$	− 0. 001 （0. 002）	0. 019 （0. 019）	0. 117 （0. 083）	− 0. 050 （0. 059）
$W \times fd$	− 0. 008 （0. 006）	− 0. 238 *** （0. 092）	− 0. 828 ** （0. 364）	0. 731 ** （0. 294）
$W \times rd$	− 0. 000 （0. 000）	0. 000 （0. 002）	0. 007 （0. 008）	− 0. 005 （0. 007）
$W \times market$	− 0. 008 *** （0. 003）	− 0. 038 （0. 039）	− 0. 083 （0. 138）	− 0. 244 （0. 211）
$W \times city$	− 0. 073 ** （0. 031）	0. 683 ** （0. 317）	1. 153 （0. 780）	− 1. 694 *** （0. 582）

变量	文化距离权重			
	（5）	（6）	（7）	（8）
$W \times \ln edu$	-0.034^{***} (0.009)	0.147 (0.098)	-0.352 (0.814)	-0.542 (0.654)
$W \times \ln rgdp$	0.008^{***} (0.003)	-0.004 (0.032)	0.030 (0.124)	0.160 (0.098)
个体固定效应	YES	YES	YES	YES
时间固定效应	YES	YES	YES	YES
rho	0.147 (0.177)	0.627^{***} (0.077)	-0.054 (0.168)	-0.101 (0.139)
sigma2_e	0.000^{***} (0.000)	0.000^{***} (0.000)	0.003^{***} (0.001)	0.003^{**} (0.001)
N	210	210	210	210
R^2	0.098	0.068	0.040	0.004

注：括号内为稳健标准误，$***$、$**$、$*$分别表示在1%、5%和10%的水平上显著。

7.5 本章小结

本章基于空间杜宾模型对文化资源对文化产业 TFP 影响的空间效应进行了系统分析，通过 Moran's I 指数考察了文化资源和文化产业 TFP 的全局及局部空间相关性，探究了不同区域文化资源的空间溢出效应，以及文化资源对技术效率、技术进步、要素配置效率和规模效率影响的空间效应，得出以下结论。

第一，文化资源和文化产业 TFP 均存在显著的空间正相关性，文化资源水平较高的地区，其周边地区的资源水平也较高，文化产业 TFP 高的地区也与同等水平的地区相邻。文化产业 TFP 具有显著的空间依赖关系，经济水平和文化特征相近地区间文化产业具有很强的相互促进作用。

第二,在时间—空间维度下,文化资源对文化产业 TFP 的影响存在非线性的空间溢出效应,随着文化资源的集聚,本地区文化资源对邻近地区文化产业 TFP 的影响由负向空间溢出效应转向正向。空间边际效应结果显示,文化资源通过空间竞合和集散效应促进地区间文化产业由同质化竞争走向协同发展。

第三,异质性结果分析表明,不同地区和不同效率的文化资源空间效应存在差异。从区域异质性角度来看,各地区文化资源对文化产业 TFP 影响的空间效应存在明显不同。在经济距离下,只有中部地区文化产业 TFP 存在空间依赖关系。在文化距离下,东部地区和西部地区文化资源对本地区文化产业存在"先抑制后促进"的影响趋势,中部地区文化资源对本地区文化产业 TFP 则存在"先促进后抑制"的影响趋势。

从效率异质性角度来看,文化技术效率和技术进步效率存在显著的空间效应,而地区间配置效率和规模效率不存在明显的空间依赖关系。在空间经济距离权重下,文化资源对邻近地区技术效率存在显著的非线性影响;在文化距离权重下,文化资源对本地区技术进步存在显著的非线性影响。

第四,控制变量回归结果显示,创新强度在经济水平相近地区对文化产业 TFP 的影响具有显著的空间溢出效应,而对文化特征相似的地区空间溢出效应较弱。市场化水平存在显著的负向溢出效应,本地区市场化水平会对邻近地区的文化产业发展产生显著的竞争性效应,即本地区市场化水平越高,经济水平和文化特征近似的地区文化产业全要素生产率水平越低。城市化水平在文化距离邻近的地区存在显著的正向空间溢出,本地区城市化水平会促进文化邻近地区的文化产业形成"同群效应"。制度质量和劳动力质量则对文化特征相近地区的文化产业具有显著的负向空间溢出效应。人均 GDP 具有正向溢出效应,会促进文化产业 TFP 整体效率的提升。

第 8 章

结论与研究展望

8.1 研究结论

本书在现有经济学理论和相关研究的基础上，融合产业经济学、文化经济学、文化资源学的研究方法，构建了文化资源影响文化产业 TFP 的理论分析模型，采用 2013～2019 年我国 30 个省份文化及相关产业数据，利用 SFA 方法测算并分解了文化产业 TFP，使用收敛性方法对我国文化产业 TFP 演化特征进行了分析。依据现代文化产业科技融合及创新发展趋势，建立了文化资源指标体系，使用熵值法对我国文化资源水平进行了测度。基于此，运用双向固定效应模型和动态面板模型，实证检验了文化资源对文化产业 TFP 的 "U" 型影响和门槛特征，验证了文化资源对文化产业 TFP 的作用机制，探究了政府支持对文化资源影响文化产业 TFP 过程中的调节效应。最后，基于文化资源的时空黏滞性，使用空间杜宾模型检验了经济距离和文化距离权重下文化资源对文化产业 TFP 的空间溢出效应，得到如下主要研究结论。

第一，我国文化产业生产要素投入存在结构性错配，且文化产业 TFP 呈现 "强者恒强，弱者恒弱" 的发展趋势。文化产业资本和劳动力混合投入每提高 1 个百分点，产出将下降 0.09 个百分点，技术进步和技术效率变化是改善文化产业 TFP 的主要驱动力，而要素配置效率和规模效率是造成文化产业 TFP 增长缓慢的主要原因。

从文化产业 TFP 演化特征来看，就 σ 收敛特征而言，我国文化产业 TFP 差距逐步扩大，东部地区呈现出明显的阶段性 σ 收敛特征，而中西部地区发散特征明显；就条件 β 收敛特征而言，考虑了地方个体特征差异因素后，全国以及东部、中部、西部地区都存在条件 β 收敛。

第二，我国文化资源水平整体处于提升阶段，各地区文化资源结构存在明显差异。总体来讲，文化创新资源是文化资源的重要组成部分，与文化及相关产业有关的信息化资源处于快速扩张和变动的时期。分区域来看，东部地区的文化资源整体水平较高，尤其在文化创新资源和文化设施资源方面具有明显优势；西部地区除四川、重庆和陕西部分地区以外，文化设施和文化信息资源均相对落后，但发展较快，且西部地区内各省份文化资源水平存在巨大差距；中部地区文化资源整体水平较为均衡，软硬件文化资源的扩张和更新速度都比较缓慢。

现阶段，我国文化资源对文化产业 TFP 存在 "U" 型非线性影响，"资源诅咒" 和 "资源恩赐" 存在有条件的转化。目前，文化资源处于 "U" 型曲线拐点的左侧，文化资源水平越过临界值后，将有利于文化产业 TFP 提升。动态面板回归模型结果表明，文化产业 TFP 具有显著的正向积累效应，上一期的文化产业 TFP 将显著推动滞后期效率的进步。同时，制度质量和要素结构是文化资源影响文化产业 TFP 的门槛变量。

第三，文化资源可以通过文化人力资本变动、文化企业集群机制影响文化产业 TFP，且政府支持在这两个影响机制中存在调节作用。对文化人力资本变动机制而言，文化资源通过文化人力资本变动影响文化产业 TFP 的机制显著存在，且这种影响依然存在"先抑后扬"的非线性变化趋势；对文化企业集群机制而言，文化资源对文化产业 TFP 的非线性影响，可以通过文化企业集群机制传导，文化资源通过彰显经济价值转化为经济资本形成文化企业集群，进而对文化产业 TFP 产生"资源诅咒"和"资源恩赐"作用。细分文化产业 TFP 发现，文化人力资本变动和文化企业集群是文化资源和要素配置效率的传导机制，但不能作用于技术效率、技术进步和规模效率。

从政府支持的三个维度来看，财政支持、体制支持和营商环境支持对文化资源和文化产业 TFP 之间存在显著的正向调节作用，使文化资源对文化产业 TFP 的"U"型影响变得更为平缓。且财政支持和营商环境支持可以调节"文化资源—文化人力资本变动—文化产业 TFP"的全部路径，但体制支持仅能调节"文化资源—文化人力资本变动"的半段路径；在文化企业集群机制中，三种政府支持都只在"文化资源—文化企业集群"的转化路径中存在调节作用。

第四，文化资源对文化产业 TFP 影响存在非线性的空间溢出效应，随着文化资源的集聚，本地区文化资源对邻近地区文化产业 TFP 的影响由负向空间溢出效应转为正向，即文化资源最终将促使相邻地区文化产业由同质化竞争走向协同共生。文化资源空间溢出效应的方向取决于地区间"竞争—合作"的转化，空间溢出效应的大小则取决于扩散效应下的"离心力"和集聚效应下的"向心力"之间的抗衡。

从区域异质性角度来看，在经济距离下只有中部地区文化产业 TFP 存在空间依赖关系；而在文化距离下东部地区和西部地区文化资源对本地区文化产业都存在"先抑后扬"的影响趋势，中部地区文化资源对本地区文化产业TFP 则存在"先扬后抑"的影响趋势。就效率异质性来讲，技术效率和技术进步受文化资源的空间溢出效应影响更为明显，其中在经济距离权重下文化资源对邻近地区技术效率存在显著的非线性影响，在文化经济距离权重下，文化资源对本地区技术进步存在显著的非线性影响。

8.2　政　策　建　议

在推进社会主义文化强国建设的战略背景下，彰显文化资源经济价值和文化价值、发挥文化资源禀赋优势、提高文化资源对文化产业发展的推动力是实现发展质量变革、效率变革和动力变革的必然要求。在我国，文化资源与文化产业发展长期存在空间错位，发展文化产业，在坚持社会效益优先，兼具经济效益与社会效益的原则下，准确研判现代文化资源水平和结构，厘清文化资源向文化产业化资源的传导路径，是健全现代文化产业体系，推进文化产业高质量发展的必然要求。当前，我国文化产业面临传统文化需求收缩，数字文化异军突起的新发展格局，文化产业转型升级已箭在弦上，更需要加快完善现代文化资源体系，提升文化资源对文化产业发展的支撑作用。根据本研究结论，提出如下政策建议。

第一，提升文化资源水平，持续优化文化资源结构，深化文化资源对文化产业 TFP 的正向促进作用，加快文化"资源诅咒"向"资源恩赐"过渡。现阶段，我国文化产业正在向科技融合、文旅融合和创意经济方向发展，传统领域的文化资源需要提高信息化速度，增加文化创新资源投入。一方面，要重塑文化资源价值。传统文化是过去形成的，有些与现代价值观存在错位，需要对历史文化资源价值进行重新阐释和判断，通过对传统文化资源进行新的诠释和解读，赋予文化资源现代文化价值，促进文化产业社会效益的提升。

另一方面，要对文化资源进行整合再生，提升社会文化资源和公共文化资源对文化产业的融合共促作用。文化创新资源和文化信息化资源要与历史、遗产、文化设施等公共文化资源融合，将零散的非物质文化资源进行提炼，将隐性文化资源显性化和可储存化，将文化遗产资源数据化、内容化，进一步提升文化资源产业化效率和经济价值。政府还需重视文化媒介资源、文化场域资源、文化渠道资源、个体意识资源等表现形式的文化资源对文化产业发展的重要作用，需要积极申请文化资源地理标识，以社会主义核心价值观为引领，鼓励文化资源更新，引导和规范文化产业发展方向，形成文化产业TFP发展的内生动力，建设现代文化产业。

第二，促进文化人力资本变动，优化文化产业要素配置结构，推动文化资源向产业化人力资本转化。本书研究结果表明，我国文化产业资本和劳动力配置效率较低，是拉低文化产业TFP的主要原因，研究进一步发现，文化资源可以通过促进文化人力资本变动，影响文化产业配置效率以及文化产业TFP的提升。改善资本和劳动力错配问题，提高文化产业要素配置效率，需要对接公共文化服务体系，提高文化设施资源、文化非物质资源、文化创新资源等对人力资本的吸引力，促进普通劳动力转化为文化人力资本，推动部门间、区域间文化人力资本的流动，提高文化产业人力资本占比，发挥文化资源对文化产业TFP的促进作用；要借助政府支持，深化文化体制改革，引导文化戏剧、美术、文化影视、文化展览等公共领域人力资本进入文化人力资本市场，通过市场调节机制激发文化人力资本对文化产业TFP的促进作用，实现文化产业TFP发展主要由技术效率和技术进步驱动，向技术效率、技术进步、要素配置效率和规模效率等多轮驱动转变。

第三，深化文化体制改革，加快文化资源跨区域协同共享。推动文化资源经济资本集聚，促进文化企业集群向创新集群发展，要发挥文化共创空间对文化产业TFP的促进作用。研究结果表明，文化资源存在空间集散效应和演化融合过程，文化资源对相邻文化产业具有显著的"竞争—合作"影响趋势，但目前，我国东部、中部、西部地区文化产业 TFP 却呈现出一定的发散特征。推进文化"资源恩赐"作用，需要整合经济水平接近和文化特征近似地区的文化资源，提升文化廊道与文化企业集群的耦合关联性，避免出现文化资源恶意争夺和文化产业同质化发展。同时，在坚定文化自信建设社会主义文化强国的道路上，既要实施文化保护性政策，也要推动深层次的文化交流，实现文化资源的扩散溢出，形成主体文化主导下的多元开放文化资源生态。政府还需要在文化资源可持续发展理念的基础上，建立阶段性的文化产业发展目标，厘清自身文化禀赋特点和优势，对文化资源进行差异化挖掘，形成特色鲜明、多样化、有代表性的文化资源，打通文化资源到文化资本和经济资本的关键环节。

第四，不同地区文化产业都需紧抓科技革命浪潮的发展机遇，形成区域经济发展的新动能。研究结果显示，我国三大区域文化资源水平以及文化产业 TFP 水平存在巨大差距。具体而言，东部地区现代文化资源和文化产业发展水平都优于其他地区；西部地区文化产业呈现迅猛的追赶超越势头，文化产业整体水平得到了快速提升；而中部地区现代文化资源更新趋势缓慢，若不积极提升现代文化资源水平，激活文化"资源恩赐"作用，促进文化产业转型升级，该地区文化产业的区位优势将受制于文化资源条件。对西部地区来讲，不仅需要进一步发挥文化资源多样性优势，完善文化产业创意环境，吸引文化人力资本流入，创新文化业态，还需要提高文化创新资源对文化产业发展的推动力，实现经济发展的动力变革。需要坚持文化资源"保护—开发"原则，从提高政府服务能力着手，将"硬性产业政策"与"软性产业政策"相结合，实施柔和的文化产业政府政策，实现文化资源可持续开发，真正"留住"文化资本和经济资本，促进文化产业 TFP 进步。对东部地区而言，文化产业已经度过资本快速扩张、无序投入的阶段，政府应从优化文化版权环境入手，进一步激发技术效率和技术进步对文化产业发展的推动力，同时，要发挥产业示范作用和学习效应，带动区域间文化产业发展，实现文化产业 TFP 整体水平的提高。

8.3　创　新　之　处

本书的创新之处主要体现在如下四个方面。

第一，目前资源学的相关研究主要关注自然资源对经济增长的影响，聚焦在能源产业、能源效率和资源型城市等领域，对非自然资源的关注较少，涉及文化资源的研究尚处于起步阶段。本书研究立足于我国社会主义文化强国建设的战略要求，从文化资源视角出发，扩展了具有"干中学"效应的内生增长模型，结合资源禀赋、现代经济增长等经济学理论和文化资本社会学理论，使用"荷兰病"修正模型、人力资本变动的数理模型等，搭建了包含政府支持调节效应的文化人力资本变动和文化企业集群的理论机制模型。同时，从文化经济地理的视角，借助"竞合"理论分析了文化资源影响文化产业 TFP 的空间溢出效应机制。研究既关注到了文化资源对文化产业 TFP 的"资源诅咒"和"资源恩赐"作用，还探究了文化资源不同阶段两者非线性的变化趋势，这一定程度上扩展了资源研究的范畴，弥补了文化资源领域理论机制和模型构建的不足，也为探讨文化产业政府支持的有效性，实现文化资源优势转化为产业发展优势，提供了统一的分析框架。

第二，现有关于文化资源研究主要是基于社会学、艺术学和管理学的理论基础，对文化资源进行概述和探析，或是从旅游业的视角，将文化资源视为旅游资源的一部分，缺乏文化产业视角下的文化资源研究。本书研究立足于文化产业发展，区别于旅游业对文化资源的差异性需求，采用熵值法和 SFA 分解法，分别测度了我国文化资源水平和文化产业 TFP，从经济学视角尝试解决文化资源量化困难的问题，建立了包含文化创新资源、文化旅游资源、文化遗产资源、文化设施资源和文化信息化资源的资源指标体系，这为文旅融合研究提供了一个新的视角。使用 σ 收敛模型和 β 收敛模型分析了我国以及三大区域文化产业 TFP 的演化特征。研究发现，我国各地区文化资源存在结构性差异，文化产业 TFP 呈现"强者恒强，弱者恒弱"的发展态势，这有助于认识文化产业效率失衡问题，为文化产业研究提供了新的思路，也为地区文化产业实现追赶超越提供了一定的理论支持。

第三，文化资源是文化产业发展的逻辑起点，但目前有关文化资源影响文化产业 TFP 的研究尚处于起步阶段，本书研究基于文化资源社会价值和经济价值的双重属性，使用双向固定效应模型、系统 GMM 模型、空间计量模型等计量方法，定量分析了文化资源对文化产业 TFP 的影响和效应机制。这不仅是对文化资源学的一个实证支撑，拓展了文化产业的研究思路，还为政策制定部门完善文化产业发展政策提供了重要的理论参考和坚实的经验依据。研究发现，文化资源对文化产业 TFP 的影响是非线性的，通过探明目前文化创意资源、文化旅游资源、文化遗产资源、文化设施资源和文化信息化资源对文化产业 TFP 的异质性影响，以及区域差异性，为政府改善文化资源结构提供了一定的方向指引，也为地方发展文化产业实现经济追赶超越提供了思路。进一步研究发现，文化资源对相邻地区文化产业 TFP 的竞合效应和集散效应，会促使相邻地区文化产业由同质化竞争走向协同共生，这也是对文化经济地理研究的一次拓展。

第四，关于文化资源影响文化产业 TFP 的作用机制研究，目前主要以理论分析为主，相关研究虽然重视了政府与文化资源和文化产业全要素生产率的关系，但没有将政府支持置于文化资源和文化产业 TFP 的统一框架下进行分析，故无法判断政府支持的有效性。本书将文化资本理论引入文化产业研究，借助分步法、交互项法，以及有调节的中介效应检验法，系统梳理了文化资源影响文化产业 TFP 的路径机制。这是对文化经济研究的一次有益探索，也是对文化资本进行量化分析的一次尝试。在"文化资源—政府支持—文化产业 TFP"的统一框架下，从财政支持、体制支持和营商环境支持三个维度，厘清了包含政府支持调节效应的文化人力资本变动和文化企业集群机制，研究发现，文化人力资本变动和文化企业集群具有部分中介作用，在文化人力资本变动机制中，体制支持调节作用局限于"文化资源—文化人力资本变动"的过程，而财政支持和营商环境支持对"文化资源—文化人力资本变动—文化产业 TFP"的全部路径都发挥作用；对于文化企业集群机制，三种政府支持都只能影响"文化资源—文化企业集群"。这对何时何处向文化产业提供政府支持，如何统筹政府和市场调节作用，推动文化资源提升文化产业 TFP 具有现实的指导意义。

8.4　研究展望

本书是在已有研究的基础上，结合相关理论对文化经济学进行的有益探索，系统分析了我国文化产业 TFP 的发展现状和趋势特征，揭示了文化资源对文化产业 TFP 的影响机制，并结合研究结论提出了相关的政策建议。然而，受限于我国文化及相关产业宏观数据的可获得性，以及文化资源的复杂性，本书研究选取的指标不尽完善，不能更全面地反映文化资源水平，研究存在不足，期待在今后的研究中进一步深入探讨和完善。

第一，在理论研究方面，本书虽然借助资源禀赋理论，尝试构建数理模型解释了文化资源和文化产业 TFP 之间的关系，但模型尚有欠缺，未来仍需将政府支持、文化人力资本、经济资本纳入统一的数理模型进行分析，以求更充分地体现文化资源和文化产业的特性。

第二，在实证研究方面，本书研究从地区和细分文化资源的异质性特征出发，探究了文化资源对文化产业 TFP 的影响，但是基于统计数据口径的问题，没有对文化产业不同行业和企业进行分析，对文化资源指标体系的构建精准性还存在不足，后续研究需要对相关统计年鉴数据进行深度挖掘。

第三，文化产业正在向创意经济发展，作为全球重要的贸易行业以及创新技术的前沿领域，本书没有从文化资源比较优势以及创新溢出的角度进行研究，未来的研究可以使用资源禀赋比较优势理论，从文化对外贸易的角度，分析其对我国文化产业和创意产业的影响。

第四，受文化产业时间序列数据统计样本量限制，本书研究只选择了2013～2019年我国文化及相关产业数据，随着统计数据的公布和延续，研究样本量扩充，今后将使用更多的计量经济学方法进行实证研究。此外，未来研究可以尝试采用更具时效性的文化企业数据进行实证分析，这对文化资源研究将是有效的实证支撑和补充。

参 考 文 献

[1] 卜艳芳. 农村文化资源传承的人才培养 [J]. 农业经济, 2021 (10): 100 - 101.

[2] 蔡庆丰, 陈熠辉, 林海涵. 开发区层级与域内企业创新: 激励效应还是挤出效应? ——基于国家级和省级开发区的对比研究 [J]. 金融研究, 2021 (5): 153 - 170.

[3] 曹沥伟, 周凯. "营改增" 对文化产业全要素生产率的影响——基于薪酬激励视角的 PSM-DID 分析 [J]. 江淮论坛, 2022 (3): 82 - 89.

[4] 曹新颖, 刘骏. 基于改进的索洛余值的建筑业技术创新测度 [J]. 统计与决策, 2019, 35 (24): 81 - 84.

[5] 柴冬冬, 金元浦. 空间生产: "丝绸之路" 文化资源转化的基本范式 [J]. 内蒙古社会科学, 2022, 43 (5): 175 - 182.

[6] 陈波, 侯雪言. 公共文化空间与文化参与: 基于文化场景理论的实证研究 [J]. 湖南社会科学, 2017 (2): 168 - 174.

[7] 陈凤娣. 文化 IP 赋能乡村产业融合发展的内在逻辑与路径思考 [J]. 福建论坛 (人文社会科学版), 2022 (5): 29 - 38.

[8] 程晓丽, 史杜芳. 皖南国际文化旅游示范区文化资源丰度评价 [J]. 地理科学, 2017, 37 (5): 766 - 772.

[9] 大卫·赫斯蒙德夫. 文化产业 [M]. 北京: 中国人民大学出版社, 2016.

［10］丹增．发展文化产业与开发文化资源［J］．求是，2006（1）：44－46.

［11］邓向阳，王勇华．中国传媒产业要素市场扭曲对全要素生产率的影响［J］．财经理论与实践，2020，41（3）：148－154.

［12］邓晓辉．新工艺经济时代的文化创意产业研究［D］．上海：复旦大学，2006.

［13］邓晓兰，刘若鸿，许晏君．经济分权、地方政府竞争与城市全要素生产率［J］．财政研究，2019（4）：23－41.

［14］丁锦箫，蔡尚伟．数字文化创意产业的结构要素、内涵辨析与细分框架［J］．出版发行研究，2021（12）：32－40.

［15］董晓松，刘霞，姜旭平．空间溢出与文化距离——基于数字内容产品扩散的实证研究［J］．南开管理评论，2013，16（5）：100－109.

［16］段春娥，徐卫民，李昕蒙．线路型文化资源旅游竞合发展格局构建及其应用研究——以秦直道文化资源为例［J］．贵州财经大学学报，2022（3）：80－89.

［17］范巧，郭爱君．一种嵌入空间计量分析的全要素生产率核算改进方法［J］．数量经济技术经济研究，2019，36（8）：165－181.

［18］范青，谈国新，张文元．基于元数据的数字文化资源描述与应用研究——以湖北数字文化馆为例［J］．图书馆学研究，2022（2）：48－59.

［19］范周，谭雅静．文化创意赋能文化旅游产业发展［J］．出版广角，2020（6）：6－9.

［20］方大春，马为彪．中国省际高质量发展的测度及时空特征［J］．区域经济评论，2019（2）：61－70.

［21］方颖，纪珩，赵扬．中国是否存在"资源诅咒"［J］．世界经济，2011，34（4）：144－160.

［22］房逸靖，张治栋．要素流动、技术扩散与地区间经济差距——基于长三角城市群的经验证据［J］．区域经济评论，2021（3）：66－75.

[23] 封永刚. 我国商贸流通业全要素生产率变化的驱动因素——基于中性与偏向性技术变化的全面分析框架 [J]. 中国流通经济, 2022, 36 (10): 3-13.

[24] 冯星宇, 戴俊骋, 孙东琪. 中国文化产业的省域空间集聚及其溢出效应分析 [J]. 经济地理, 2021, 41 (10): 233-240.

[25] 冯贞柏. 行业技术效率测度与全要素生产率增长的分解 [J]. 经济评论, 2019 (3): 57-73.

[26] 高乐华, 刘洋. 基于BP神经网络的海洋文化资源价值及产业化开发条件评估——以山东半岛蓝色经济区为例 [J]. 理论学刊, 2017 (5): 94-100.

[27] 高云虹, 李学慧. 西部地区文化产业效率研究 [J]. 财经科学, 2017 (2): 112-121.

[28] 顾江, 车树林, 贺达. 金融错配对文化产业全要素生产率的影响研究: 理论与实证 [J]. 江苏社会科学, 2018 (1): 58-66.

[29] 顾江, 车树林. 资源错配、产业集聚与中国文化产业发展——基于供给侧改革视角 [J]. 福建论坛 (人文社会科学版), 2017 (2): 15-21.

[30] 郭平, 徐丽, 卯升华. 金融支持文化产业发展效率的影响研究——以江西为例 [J]. 文化产业研究, 2021 (1): 156-172.

[31] 韩东林, 刘兵兵. 中国文化制造业绿色全要素生产率区域差异比较分析 [J]. 东北农业大学学报 (社会科学版), 2018, 16 (3): 1-8.

[32] 韩海彬, 王云凤. 中国文化产业效率与全要素生产率分析——基于MinDS模型和Malmquist生产率指数的实证研究 [J]. 资源开发与市场, 2022, 38 (4): 391-398.

[33] 韩松, 王洺硕. 数字经济、研发创新与文化产业高质量发展 [J]. 山东大学学报 (哲学社会科学版), 2022 (3): 25-37.

[34] 郝羚伊, 史占中. 融资模式对文化企业创新发展绩效的影响研究 [J].

上海管理科学，2019，41（6）：79-88.

[35] 洪学婷，黄震方，于逢荷，等．长三角城市文化资源与旅游产业耦合协调及补偿机制［J］．经济地理，2020，40（9）：222-232.

[36] 胡惠林．论文化产业的本质——重建文化产业的认知维度［J］．山东大学学报（哲学社会科学版），2017（3）：1-15.

[37] 胡惠林．文化产业发展与国家文化安全——全球化背景下中国文化产业发展问题思考［J］．上海社会科学院学术季刊，2000（2）：114-122.

[38] 胡慧源，李叶．长三角文化产业集群一体化发展：现实瓶颈、动力机制与推进路径［J］．现代经济探讨，2022（9）：117-123.

[39] 胡继冬．中国共产党对红色文化资源的保护与开发利用：百年历程、经验总结和趋势展望［J］．理论月刊，2021（7）：5-12.

[40] 胡小海，黄震方．江苏区域文化资源与旅游经济耦合特征及其作用机制［J］．江苏社会科学，2017（1）：254-259.

[41] 胡亚茹，陈丹丹．中国高技术产业的全要素生产率增长率分解——兼对"结构红利假说"再检验［J］．中国工业经济，2019（2）：136-154.

[42] 黄勃，李海彤，江萍，等．战略联盟、要素流动与企业全要素生产率提升［J］．管理世界，2022，38（10）：195-212.

[43] 黄辰洋，吕洪渠，程文思．产业集聚与环境依赖对文化产业效率的影响［J］．华东经济管理，2022，36（1）：99-107.

[44] 黄鹤．文化政策主导下的城市更新——西方城市运用文化资源促进城市发展的相关经验和启示［J］．国外城市规划，2006（1）：34-39.

[45] 黄松，李燕林，李如友．桂西地区地质遗迹与民族文化资源的空间关系及成因机理［J］．地理学报，2015，70（9）：1434-1448.

[46] 黄小勇，查育新．中国环境政策创新对城市绿色竞争力的影响研究

[J]. 中国软科学, 2022 (8): 140 – 150.

[47] 贾文山, 石俊. 中国城市文化竞争力评价体系的构建——兼论西安文化价值的开发 [J]. 西安交通大学学报 (社会科学版), 2019, 39 (5): 139 – 145.

[48] 贾旭东. 高品质生活视域下的文化消费——基于居民消费支出的考察 [J]. 山东社会科学, 2022 (2): 76 – 83.

[49] 江晓晗, 任晓璐. 长江经济带文化产业高质量发展水平测度 [J]. 统计与决策, 2021, 37 (2): 15 – 19.

[50] 江瑶, 高长春. 产业集聚、历史文化资源禀赋与文化产业发展——基于中国文化产业数据的实证分析 [J]. 管理现代化, 2015, 35 (4): 16 – 18.

[51] 焦斌龙, 赵卫军. 中国文化产业的阶段性特征——基于要素支撑视角的分析 [J]. 山西财经大学学报, 2017, 39 (10): 59 – 71.

[52] 雷宏振, 李芸. 文化产业发展效率时空差异及影响因素分析 [J]. 当代经济管理, 2020, 42 (6): 50 – 56.

[53] 雷原, 赵倩, 朱贻宁. 我国文化创意产业效率分析——基于68家上市公司的实证研究 [J]. 当代经济科学, 2015, 37 (2): 89 – 96.

[54] 李凤亮, 潘道远. 文化自信与新时代文化产业的功能定位 [J]. 深圳社会科学, 2018 (1): 95 – 101.

[55] 李凤亮, 宗祖盼. 中国文化产业发展: 趋势与对策 [J]. 同济大学学报 (社会科学版), 2015, 26 (1): 65 – 73.

[56] 李江帆. 文化产业: 范围、前景与互动效应 [J]. 经济理论与经济管理, 2003 (4): 26 – 30.

[57] 李静, 孟令杰, 吴福象. 中国地区发展差异的再检验: 要素积累抑或TFP [J]. 世界经济, 2006 (1): 12 – 22.

[58] 李强, 魏巍, 徐康宁. 国际资源依赖与经济增长方式转变——基于跨

国面板数据的经验分析 [J]. 世界经济研究, 2014 (9): 3 - 9.

[59] 李婉红, 李娜. 自然资源禀赋、市场化配置与产业结构转型——来自 116 个资源型城市的经验证据 [J]. 现代经济探讨, 2021 (8): 52 - 63.

[60] 李文静, 张朝枝. 基于路径依赖视角的旅游资源诅咒演化模型 [J]. 资源科学, 2019, 41 (9): 1724 - 1733.

[61] 李晓曼, 曾湘泉. 新人力资本理论——基于能力的人力资本理论研究动态 [J]. 经济学动态, 2012 (11): 120 - 126.

[62] 李泽华. 论供给侧视域下历史文化资源的产业化发展——以济南市章丘区为例 [J]. 山东大学学报 (哲学社会科学版), 2018 (4): 83 - 90.

[63] 林存文, 吕庆华. 文化资源禀赋对文化产业发展的影响——基于资源异质的研究视角 [J]. 山西财经大学学报, 2020, 42 (8): 86 - 101.

[64] 林理升, 王晔倩. 运输成本、劳动力流动与制造业区域分布 [J]. 经济研究, 2006 (3): 115 - 125.

[65] 林美顺. 中国城市化阶段的碳减排: 经济成本与减排策略 [J]. 数量经济技术经济研究, 2016, 33 (3): 59 - 77.

[66] 林民书. 文化产业发展模式及其特点研究 [J]. 中国经济问题, 2008 (1): 13 - 20.

[67] 刘筱舒, 周迪. 文化主导下英国城市更新的实践探索与启示 [J]. 经济地理, 2022, 42 (6): 64 - 71.

[68] 卢元昕. 民族文化资源嵌入旅游产业发展路径探索——以黑龙江省为例 [J]. 黑龙江民族丛刊, 2022 (2): 90 - 94.

[69] 吕洪渠, 董意凤. 对外开放、城市化与文化产业效率的区域差异 [J]. 华东经济管理, 2018, 32 (4): 62 - 70.

[70] 吕庆华, 林存文, 林炳坤. 文化资源禀赋与文化产业发展匹配研究——基于 69 个样本城市数据的实证分析 [J]. 哈尔滨商业大学学报 (社会科学版), 2021 (6): 94 - 104.

[71] 吕庆华. 文化智能资源产业开发的营运模式研究 [J]. 山西财经大学学报, 2006, 28 (5): 77 - 80.

[72] 吕然, 杨长明, 刘英伟, 等. 文化资源视角下东北地区冬季体育观光化发展研究 [J]. 沈阳体育学院学报, 2021, 40 (5): 24 - 31.

[73] 马斌斌. 高铁时空压缩背景下文化旅游资源与旅游经济空间错位特征及影响机理研究 [D]. 兰州: 兰州大学, 2020.

[74] 马仁锋, 任丽燕, 庄佩君, 等. 基于文化资源的沿海港口地区创意产业发展研究 [J]. 世界地理研究, 2013, 22 (4): 100 - 108.

[75] 马宇, 程道金. "资源福音" 还是 "资源诅咒" ——基于门槛面板模型的实证研究 [J]. 财贸研究, 2017, 28 (1): 13 - 25.

[76] 宁虹雯, 吕本富. 历史文化资源 IP 化的价值实现路径研究——以海南儋州为例 [J]. 管理评论, 2022, 34 (5): 332 - 339.

[77] 欧阳舒静, 邹芷嫣, 张浩, 等. 广西红色文化资源空间格局及旅游开发模式 [J]. 资源开发与市场, 2022, 38 (7): 876 - 882.

[78] 邵春明, 朱锦程. 区域文化资源可持续开发的政府规制研究 [J]. 南通大学学报 (社会科学版), 2014, 30 (5): 28 - 32.

[79] 邵帅. 能源开发对我国能源型地区经济增长的影响机制研究 [D]. 哈尔滨: 哈尔滨工业大学, 2009.

[80] 申维辰. 评价文化: 文化资源评估与文化产业评价研究 [M]. 太原: 山西教育出版社出版, 2005.

[81] 施炎平. 从文化资源到文化资本——传统文化的价值重建与再创 [J]. 探索与争鸣, 2007 (6): 50 - 54.

[82] 宋宝琳, 王丽, 宋凤轩. 中国省际地方政府投资效率评价与比较 [J]. 统计与决策, 2022, 38 (18): 156 - 160.

[83] 孙传旺, 林伯强. 中国工业能源要素配置效率与节能潜力研究 [J]. 数量经济技术经济研究, 2014, 31 (5): 86 - 99.

[84] 孙光林，蒋伟. 数字经济对商业银行不良贷款率的影响机制研究 [J].
证券市场导报，2021（5）：37-44.

[85] 孙剑锋，李世泰，纪晓萌，等. 山东省文化资源与旅游产业协调发展
评价与优化 [J]. 经济地理，2019，39（8）：207-215.

[86] 谭娜，万金城，程振强. 红色文化资源、旅游吸引与地区经济发展
[J]. 中国软科学，2022（1）：76-86.

[87] 汤晖，黎永泰. 浅析以开发频率为划分标准的文化资源类型 [J]. 中华
文化论坛，2010（1）：142-147.

[88] 唐燕等. 文化、创意产业与城市更新 [M]. 北京：清华大学出版社，
2016.

[89] 完颜邓邓，陶成煦. 国外公共数字文化资源整合项目中的特殊群体包
容性研究 [J]. 图书情报工作，2022，66（12）：37-47.

[90] 王传荣，付婷婷. 空间溢出视角下经济文化变迁对农民投资行为的影
响研究 [J]. 农业经济问题，2018（2）：131-141.

[91] 王春燕，昝梅，施国芳，等. 新疆文化资源空间分布特征及成因分
析——以非物质文化遗产为例 [J]. 干旱区地理，2021，44（2）：584-
593.

[92] 王从春，陈敬良. 基于SFA的区域文化事业投入效率政策影响因素研
究 [J]. 工业工程与管理，2017，22（4）：156-161.

[93] 王广振，曹晋彰. 文化资源的概念界定与价值评估 [J]. 人文天下，
2017（7）：27-32.

[94] 王慧敏. 文化创意产业研究：理论前沿和热点问题 [M]. 上海：上海
社会科学院出版社，2016.

[95] 王家庭，梁栋. 中国文化产业效率的时空分异与影响因素 [J]. 经济地
理，2021，41（4）：82-92.

[96] 王家庭，梁栋. 中国文化制造业绿色全要素生产率测度及其影响因素

研究 [J]. 西安交通大学学报（社会科学版），2020, 40 (5): 53 – 65.

[97] 王曙光，高志勇. 财政分权对省际福利性支出效率影响的检验 [J]. 统计与决策，2022, 38 (11): 150 – 154.

[98] 王婷，程豪，王科斌. 区域间劳动力流动、人口红利与全要素生产率增长——兼论新时代中国人口红利转型 [J]. 人口研究，2020, 44 (2): 18 – 32.

[99] 王玮芹，汪聪聪，王益澄，等. 浙江县域文化资源与旅游经济的空间错位分析 [J]. 资源开发与市场，2022, 38 (3): 344 – 349.

[100] 王学军. 甘肃省区域文化产业效率及影响因素分析 [J]. 甘肃社会科学，2015 (3): 169 – 172.

[101] 王永章. 文化部文化产业司司长王永章说"文化产业"与"创意产业"有别 [J]. 世界发明，2007 (6): 9.

[102] 魏和清，李颖. 我国文化产业聚集特征及溢出效应的空间计量分析 [J]. 江西财经大学学报，2016 (6): 27 – 36.

[103] 魏和清，李颖. 中国省域文化产业集聚的空间特征及影响因素分析 [J]. 统计与决策，2021, 37 (16): 66 – 70.

[104] 温忠麟，叶宝娟. 中介效应分析：方法和模型发展 [J]. 心理科学进展，2014, 22 (5): 731 – 745.

[105] 吴必虎. 中国文化区的形成与划分 [J]. 学术月刊，1996 (3): 10 – 15.

[106] 吴慧香. 中国文化产业生产率变迁及省际异质性研究 [J]. 科研管理，2015, 36 (7): 64 – 69.

[107] 向勇. 特色文化资源的价值评估与开发模式研究 [J]. 北京联合大学学报（人文社会科学版），2015, 13 (2): 44 – 51.

[108] 向勇. 文化产业导论 [M]. 北京：北京大学出版社，2015.

[109] 谢名家. 文化产业的时代审视 [M]. 北京：人民出版社，2002.

[110] 熊彬，常晓慧. 金融集聚与文化产业全要素生产率的空间关联 [J].

重庆理工大学学报（社会科学），2022，36（5）：51 – 62.

[111] 徐柏翠，潘竟虎. 中国国家级非物质文化遗产的空间分布特征及影响
因素［J］. 经济地理，2018，38（5）：188 – 196.

[112] 许春晓，胡婷. 文化旅游资源分类赋权价值评估模型与实测［J］. 旅
游科学，2017，31（1）：44 – 56.

[113] 薛宝琪. 河南省区域文化产业效率空间异质性及影响因素［J］. 地域
研究与开发，2022，41（3）：31 – 37.

[114] 薛飞，周民良. 用能权交易制度能否提升能源利用效率？［J］. 中国人
口·资源与环境，2022，32（1）：54 – 66.

[115] 严荔. 文化资源产业化开发的区域实现机制研究［J］. 四川大学学报
（哲学社会科学版），2013（2）：132 – 136.

[116] 杨林，郑尧. 财政分权影响地方财政韧性的理论意蕴与现实考察［J］.
中央财经大学学报，2022（5）：17 – 28.

[117] 杨晓琳. 中国31省份文化产业投入产出效率实证研究——基于三阶段
DEA 模型及超效率模型［J］. 艺术百家，2017，33（5）：47 – 52.

[118] 杨一，秦红增. 遗存、文本、舞台：文学抒写与农村文化资源传承创
新研究［J］. 广西大学学报（哲学社会科学版），2020，42（2）：129 –
136.

[119] 杨玉玲. 交通基础设施对服务业全要素生产率的影响和作用机制研究
［D］. 重庆：重庆大学，2021.

[120] 姚伟钧，任晓飞. 中国文化资源禀赋的多维构成与开发思路［J］. 江
西社会科学，2009（6）：219 – 224.

[121] 姚伟钧. 从文化资源到文化产业——中国文化产业发展的战略抉择
［J］. 中国文化产业评论，2012，16（2）：167 – 175.

[122] 姚先国，温伟祥，任洲麒. 企业集群环境下的公司创业研究——网络
资源与创业导向对集群企业绩效的影响［J］. 中国工业经济，2008

（3）：84 - 92.

［123］姚毓春，范欣，张舒婷. 资源富集地区：资源禀赋与区域经济增长
［J］. 管理世界，2014（7）：172 - 173.

［124］叶朗. 文化产业与我国21世纪的经济发展［J］. 经纪人，2002（2）：
20 - 24.

［125］殷为华，刘楠楠，鲁飞宇. 长江经济带文旅产业融合发展水平测度及
空间演化研究［J］. 世界地理研究，2022，31（5）：1009 - 1020.

［126］余洁. 文化产业与旅游产业［J］. 旅游学刊，2007（10）：9 - 10.

［127］余明桂，范蕊，钟慧洁. 中国产业政策与企业技术创新［J］. 中国工
业经济，2016（12）：5 - 22.

［128］余泳泽. 中国省际全要素生产率动态空间收敛性研究［J］. 世界经济，
2015，38（10）：30 - 55.

［129］袁海. 文化产业集聚的形成及效应研究［D］. 西安：陕西师范大学，
2012.

［130］臧航达，寇垠. 文化场景理论视域下公共图书馆空间建设研究［J］.
图书馆学研究，2021（2）：24 - 29.

［131］曾荣平，蔡爱斌. 我国文化产业效率区域差异影响因素再解析［J］.
文化产业研究，2019（4）：287 - 302.

［132］翟江. 要大力宣传档案是科学、技术、文化资源储备的一种形式［J］.
浙江档案工作，1982（7）：15 - 17.

［133］张海星，张宇，王星辉. 我国新型城镇化基础设施投资效率测度与评
价——基于三阶段 DEA-Malmquist 指数模型［J］. 宁夏社会科学，
2022（5）：89 - 101.

［134］张润东，刘遵峰，许亚平，等. 企业集群创新网络模型和创新机理分
析——基于知识价值链视角［J］. 商业经济研究，2021（17）：113 -
116.

［135］张胜冰. 文化资源学导论［M］. 北京：北京大学出版社，2017.

［136］张祎娜. 黄河国家文化公园建设中文化资源向文化资本的转化［J］. 探索与争鸣，2022（6）：24－26.

［137］赵阳，魏建. 我国区域文化产业技术效率研究——基于随机前沿分析模型的视角［J］. 财经问题研究，2015（1）：30－36.

［138］郑婷婷. 资源诅咒、产业结构与绿色经济增长研究［D］. 北京：北京邮电大学，2019.

［139］郑义，秦炳涛. 政治制度、资源禀赋与经济增长——来自全球85个主要国家的经验［J］. 世界经济研究，2016（4）：66－77.

［140］钟廷勇，孙芳城. 要素错配与文化产业供给侧改革［J］. 求是学刊，2017，44（6）：37－45.

［141］周辉. 文化资源的高质量产业转化策略与路径［J］. 中国国情国力，2020（12）：11－15.

［142］周正刚. 论文化资源的可持续开发［J］. 求索，2004（11）：107－109.

［143］朱建，陈能军，刘木子云. 金融集聚、空间外部性与文化产业发展——基于中国省际空间面板模型［J］. 经济问题，2020（7）：45－52.

［144］朱伟，安景文，孙雅轩. 我国文化创意产业效率区域差异分析［J］. 科技管理研究，2018，38（11）：166－172.

［145］朱伟珏. "资本"的一种非经济学解读——布迪厄"文化资本"概念［J］. 社会科学，2005（6）：117－123.

［146］Aigner D，Lovell C，Schmidt P. Formulation and Estimation of Stochastic Frontier Production Function Models［J］. Journal of Econometrics，1977，6（1）：21－37.

［147］ Andersson A E. Kreativitet-Storstadens Framtid：En Bok Om Stockholm［M］. Stockholm：Prisma，1985.

[148] Andersson A. Creativity and Regional Development [C] //Papers of the Regional Science Association. Springer-Verlag, 1985, 56 (1): 5 – 20.

[149] Anselin L. Spatial Econometrics: Methods and Models [M]. Berlin: Springer Science & Business Media, 1988.

[150] Antonelli C, Crespi F. The "Matthew Effect" in R&D Public Subsidies: The Italian Evidence [J]. Technological Forecasting and Social Change, 2013, 80 (8): 1523 – 1534.

[151] Audretsch D B, Feldman M P. Knowledge Spillovers and the Geography of Innovation [M]. Amsterdam: Elsevier, 2004.

[152] Bai J. Panel Data Models with Interactive Fixed Effects [J]. Econometrica, 2009, 77 (4): 1229 – 1279.

[153] Bansal P, Mehra A, Kumar S. Dynamic Metafrontier Malmquist-Luenberger Productivity Index in Network Dea: An Application to Banking Data [J]. Computational Economics, 2022, 59 (1): 297 – 324.

[154] Barro R J, Sala-I-Martin X. Public Finance in Models of Economic Growth [J]. Review of Economic Studies, 1992 (4): 645 – 661.

[155] Battese G E, Coelli T J. Frontier Production Functions, Technical Efficiency and Panel Data: With Application to Paddy Farmers in India [J]. Journal of Productivity Analysis, 1992, 3 (1): 153 – 169.

[156] Blau J R. The Shape of Culture: A Study of Contemporary Cultural Patterns in the United States [M]. Cambridge: Cambridge University Press, 1992.

[157] Boschini A D, Pettersson J, Roine J. Resource Curse or Not: A Question of Appropriability [J]. Scandinavian Journal of Economics, 2007, 109 (3): 593 – 617.

[158] Brunnschweiler C N, Bulte E H. The Resource Curse Revisited and Revised: A Tale of Paradoxes and Red Herrings [J]. Journal of Environmen-

tal Economics and Management, 2008, 55 (3): 248 – 264.

[159] Burger J, Gochfeld M, Kosson D S, et al. The Costs of Delaying Remedia-
tion on Human, Ecological, and Eco-cultural Resources: Considerations
for the Department of Energy: A Methodological Framework [J]. Science
of the Total Environment, 2019, 649: 1054 – 1064.

[160] Charnes A, Cooper W W, Rhodes E. Measuring the Efficiency of Decision
Making Units [J]. European Journal of Operational Research, 1978, 2
(6): 429 – 444.

[161] Cho R L T, Liu J S, Ho H C. What are the Concerns? Looking Back On
15 Years of Research in Cultural and Creative Industries [J]. International
Journal of Cultural Policy, 2018, 24 (1): 25 – 44.

[162] Choi Y, Kim S W, Hong W. Is the Role of Cultural Capital in Student
Achievement in South Korea Different? A Systematic Review [J]. British
Journal of Sociology of Education, 2019, 40 (6): 776 – 794.

[163] Clare K. The Essential Role of Place within the Creative Industries: Bound-
aries, Networks and Play [J]. Cities, 2013, 34: 52 – 57.

[164] Coll Martínez E. Creativity and the City: Testing the Attenuation of Agglom-
eration Economies for the Creative Industries in Barcelona [J]. Journal of
Cultural Economics, 2019, 43 (3): 365 – 395.

[165] Collier P, Goderis B. Commodity Prices, Growth, and the Natural Re-
source Curse: Reconciling a Conundrum [J]. CSAE Working Paper
Serise, 2007.

[166] Colombi R, Kumbhakar S C, Martini G, et al. Closed-Skew Normality in
Stochastic Frontiers with Individual Effects and Long/Short-Run Efficiency
[J]. Journal of Productivity Analysis, 2014, 42 (2): 123 – 136.

[167] Comunian R, England L. Creative Clusters and the Evolution of Knowledge

and Skills: From Industrial to Creative Glassmaking [J]. Geoforum, 2019, 99: 238 – 247.

[168] Crewe L. Material Culture: Embedded Firms, Organizational Networks and the Local Economic Development of a Fashion Quarter [J]. Regional Studies, 1996, 30 (3): 257 – 272.

[169] David B, Claire W. Gathering Together: Social Capital, Cultural Capital and the Value of Cultural Heritage in a Digital Age [J]. Social & Cultural Geography, 2020, 21 (5): 697 – 717.

[170] Davis G A. Learning to Love the Dutch Disease: Evidence From the Mineral Economies [J]. World Development, 1995, 23 (10): 1765 – 1779.

[171] Diamond P A. National Debt in a Neoclassical Growth Model [J]. The American Economic Review, 1965, 55 (5): 1126 – 1150.

[172] Evans G. Cultural Industry Quarters: From Pre-industrial to Post-industrial Production [J]. City of Quarters: Urban Villages in the Contemporary City, 2004: 71 – 92.

[173] Evans G. Small is Beautiful? Ict and Smtes: A European Comparative [J]. Information Technology and Tourism, 2001 (2): 1 – 15.

[174] Filippini M, Masiero G, Santarossa M. Productivity Change and Efficiency in the Swiss Nursing Home Industry [J]. Applied Economics, 2022, 54 (25): 2837 – 2850.

[175] Flew T. Beyond ad hocery: Defining Creative Industries [C]//Cultural Sites, Cultural Theory, Cultural Policy. The Second International Conference on Cultural Policy Research, 2002.

[176] Florida R. The Rise of the Creative Class [M]. New York: Basic Books, 2019.

[177] Fossgard K, Stensland S. Broadening the Scope of Resources in Nature: An

Explorative Study of Nature-Based Tourism Firms [J]. Journal of Ecotourism, 2021, 20 (1): 35 – 50.

[178] Glaeser E L, Kallal H D, Scheinkman J A, et al. Growth in Cities [J]. Journal of Political Economy, 1992, 100 (6): 1126 – 1152.

[179] Goyal S, Agarwal S, Mathur T. An Evaluation of the Productivity Change in Public Transport Sector Using Dea-Based Model [J]. Management Science Letters, 2022, 12 (2): 125 – 136.

[180] Greene W. Fixed and Random Effects in Stochastic Frontier Models [J]. Journal of Productivity Analysis, 2005, 23 (1): 7 – 32.

[181] Greene W. Reconsidering Heterogeneity in Panel Data Estimators of the Stochastic Frontier Model [J]. Journal of Econometrics, 2005, 126 (2): 269 – 303.

[182] Hall P. Creative Cities and Economic Development [J]. Urban Studies, 2000, 37 (4): 639 – 649.

[183] Hansen B E. Threshold Effects in Non-Dynamic Panels: Estimation, Testing, and Inference [J]. Journal of Econometrics, 1999, 93 (2): 345 – 368.

[184] Hanushek E A. Developing a Skills-Based Agenda for "New Human Capital" Research [R]. American Economic Association, Ten Years and Beyond: Economists Answer NSF's Call for Long-Term Research Agendas, 2010.

[185] Hsueh S, Hsu K, Liu C. A Multi-Criteria Evaluation Model for Developmental Effectiveness in Cultural and Creative Industries [J]. Procedia Engineering, 2012, 29: 1755 – 1761.

[186] Jaffe A B, Trajtenberg M, Henderson R. Geographic Localization of Knowledge Spillovers as Evidenced by Patent Citations [J]. The Quarterly Journal

of Economics, 1993, 108 (3): 577 – 598.

[187] Josefsson J, Aronsson I. Heritage as Life-Values: A Study of the Cultural Heritage Concept [J]. Current Science: A Fortnightly Journal of Research, 2016, 110 (11): 2091 – 2098.

[188] Kang Z, Kim T. A Comparative Study of Dea-Sfa for Industry-Level in China [J]. Journal of International Trade & Commerce, 2018, 14 (3): 17 – 31.

[189] Kendrick J W. Productivity Trends in the United States. [J]. The Economic History Review, 1961, 15 (3): 1 – 630.

[190] Kumbhakar S C, Heshmati A. Efficiency Measurement in Swedish Dairy Farms: An Application of Rotating Panel Data, 1976 – 1988 [J]. American Journal of Agricultural Economics, 1995, 77 (3): 660 – 674.

[191] Kumbhakar S C, Lien G, Hardaker J B. Technical Efficiency in Competing Panel Data Models: A Study of Norwegian Grain Farming [J]. Journal of Productivity Analysis, 2014, 41 (2): 321 – 337.

[192] Kumbhakar S C. Estimation of Technical Inefficiency in Panel Data Models with Firm-and Time-Specific Effects [J]. Economics Letters, 1991, 36 (1): 43 – 48.

[193] Kumbhakar S C. Stochastic Frontier Analysis [M]. Cambridge: Cambridge University Press, 2005.

[194] Kumbhakar S, Lovell K. Stochastic Frontier Analysis: An Econometric Approach [M]. Cambridge: Cambridge University Press, 2000.

[195] Lee L, Yu J. Some Recent Developments in Spatial Panel Data Models [J]. Regional Science and Urban Economics, 2010, 40 (5): 255 – 271.

[196] Lesage J, Pace R K. Introduction to Spatial Econometrics [M]. London: Chapman and Hall, 2009.

[197] Liu X, Li W. Evaluating the Development Efficiency of Cultural Industry by

a Bilateral SFA Model [J]. Economic Computation & Economic Cybernetics Studies & Research, 2019, 53 (2): 257 – 270.

[198] Madhok A, Keyhani M, Bossink B, et al. The Resource-Based and Relational Rents Dilemma and Implications for the Evolution of Firm Boundaries [M]. Charlotte: Information Age Publishing, 2016.

[199] Maldonado-Erazo C P, del Río-Rama M C, Álvarez-García J, et al. Use of Natural and Cultural Resources by Tourism as a Strategy for Regional Development: Bibliometric Analysis [J]. Land, 2022, 11 (8): 1162.

[200] Massimo F, Giuliano M, Michael S. Productivity Change and Efficiency in the Swiss Nursing Home Industry [J]. Applied Economics, 2022, 54 (25/27): 2837 – 2850.

[201] Matsuyama K. Agricultural Productivity, Comparative Advantage, and Economic Growth [J]. Journal of Economic Theory, 1992, 58 (2): 317 – 334.

[202] Mehlum H, Moene K, Torvik R. Institutions and the Resource Curse [J]. The Economic Journal, 2006, 116 (508): 1 – 20.

[203] Messerlin P, Moon H C, Parc J. Cultural Industries in the Era of Protectionism [J]. Global Policy, 2020, 11: 5 – 6.

[204] Mommaas H. Cultural Clusters and the Post-Industrial City: Towards the Remapping of Urban Cultural Policy [J]. Urban Studies, 2004, 41 (3): 507 – 532.

[205] Montgomery J. Cultural Quarters as Mechanisms for Urban Regeneration. Part 1: Conceptualising Cultural Quarters [J]. Planning, Practice & Research, 2003, 18 (4): 293 – 306.

[206] Montgomery S S, Robinson M D. Visual Artists in New York: What's Special About Person and Place? [J]. Journal of Cultural Economics, 1993,

17 (2): 17 – 39.

[207] Moon H C, Yin W. How Chinese Filmmakers Effectively Respond to Chinese Government Policy for Enhancing their Competitiveness [J]. Global Policy, 2020, 11: 47 – 55.

[208] Nunn N, Qian N. Us Food Aid and Civil Conflict [J]. American Economic Review, 2014, 104 (6): 1630 – 1666.

[209] Otmazgin N. State Intervention Does Not Support the Development of the Media Sector: Lessons From Korea and Japan [J]. Global Policy, 2020, 11: 40 – 46.

[210] O'Connor J. The Cultural and Creative Industries: A Review of the Literature [M]. London: Arts Council England, 2007.

[211] Parc J. The Effects of Protection in Cultural Industries: The Case of the Korean Film Policies [J]. International Journal of Cultural Policy, 2017, 23 (5): 618 – 633.

[212] Park S. Taking Cultural Goods Seriously: Geographical Indications and the Renegotiation Strategies for the Korea-Eu Fta [J]. Global Policy, 2020, 11: 23 – 30.

[213] Pawłyszyn I, Fertsch M, Stachowiak A, et al. The Model of Diffusion of Knowledge on Industry 4.0 in Marshallian Clusters [J]. Sustainability, 2020, 12 (9): 3815.

[214] Penrose E, Penrose E T. The Theory of the Growth of the Firm [M]. Oxford: Oxford University Press, 2009.

[215] Porter M E. The Competitive Advonioge of Notions [J]. Harvard Business Review, 1990, 73: 91.

[216] Powell W W, Koput K W, Smith-Doerr L. Interorganizational Collaboration and the Locus of Innovation: Networks of Learning in Biotechnology [J].

Administrative Science Quarterly, 1996, 41 (1): 116 – 145.

[217] Purvis S. The Interchangeable Roles of the Producer, Consumer and Cultural Intermediary. The New "Pop" Fashion Designer [M]. Routledge: From the Margins to the Centre, 2017: 117 – 140.

[218] Rawat P S, Sharma S. TFP Growth, Technical Efficiency and Catch-Up Dynamics: Evidence From Indian Manufacturing [J]. Economic Modelling, 2021, 103: 105622.

[219] Richards G. Creative Tourism: Opportunities for Smaller Places? [J]. Tourism & Management Studies, 2019, 15 (1SI): 7 – 10.

[220] Rosenfeld S. Art and Design as Competitive Advantage: A Creative Enterprise Cluster in the Western United States [J]. European Planning Studies, 2004, 12 (6): 891 – 904.

[221] Ryan B. Making Capital From Culture: The Corporate Form of Capitalist Cultural Production [M]. Berlin and New York: Walter de Gruyter, 2010.

[222] Sachs J D, Warner A M. The Curse of Natural Resources [J]. European Economic Review, 2001, 45 (4 – 6): 827 – 838.

[223] Sachs J D, Warner A. Natural Resource Abundance and Economic Growth [Z]. National Bureau of Economic Research Cambridge, Mass., USA, 1995.

[224] Scott A J. Creative Cities: Conceptual Issues and Policy Questions [J]. Journal of Urban Affairs, 2006, 28 (1): 1 – 17.

[225] Scott A J. Cultural-Products Industries and Urban Economic Development: Prospects for Growth and Market Contestation in Global Context [J]. Urban Affairs Review, 2004, 39 (4): 461 – 490.

[226] Scott A J. Entrepreneurship, Innovation and Industrial Development: Geog-

raphy and the Creative Field Revisited [J]. Small Business Economics, 2006, 26 (1): 1 –24.

[227] Scott A J. Flexible Production Systems and Regional Development [J]. International Journal of Urban and Regional Research, 1988, 12 (2): 171 – 186.

[228] See K F, Coelli T. Estimating and Decomposing Productivity Growth of the Electricity Generation Industry in Malaysia: A Stochastic Frontier Analysis [J]. Energy Policy, 2013 (62): 207 –214.

[229] Stijns J C. Natural Resource Abundance and Economic Growth Revisited [J]. Resources Policy, 2005, 30 (2): 107 –130.

[230] Throsby D. Economics and Culture [M]. London: Cambridge University Press, 2001.

[231] Tone K. A Slacks-Based Measure of Efficiency in Data Envelopment Analysis [J]. European Journal of Operational Research, 2001, 130 (3): 498 – 509.

[232] Vecco M. A Definition of Cultural Heritage: From the Tangible to the Intangible [J]. Journal of Cultural Heritage, 2010, 11 (3): 321 –324.

[233] Wijngaarden Y, Hitters E, Bhansing P V. Cultivating Fertile Learning Grounds: Collegiality, Tacit Knowledge and Innovation in Creative Co-Working Spaces [J]. Geoforum, 2020, 109: 86 –94.

[234] Wu Y, Lin S. Integrated Approach for Exploring Critical Elements that Affect Sustainable Development of Cultural and Creative Industries [J]. Journal of Business Economics and Management, 2021, 22 (3): 596 –615.

[235] Ye D, Zheng L, He P. Industry Cluster Innovation Upgrading and Knowledge Evolution: A Simulation Analysis Based On Small-World Networks [J]. SAGE Open, 2021, 11 (3): 1 –13.

［236］ Zaman M S, Valiyattoor V, Bhandari A K. Dynamics of Total Factor Pro-
ductivity Growth: An Empirical Analysis of Indian Commercial Banks ［J］.
The Journal of Economic Asymmetries, 2022, 26: e00268.

［237］ Zheng J, Chan R. The Impact of "Creative Industry Clusters" On Cultural
and Creative Industry Development in Shanghai ［J］. City, Culture and So-
ciety, 2014, 5 (1): 9 – 22.